REFLEXIONES SOBRE CALIDAD

Por Daniel Blanco

Autor: José Daniel Blanco Alonso
Potada e Ilustraciones: Vega Blanco Zaballos
Presentación: Héctor Ñopo Aguilar

Índice

Índice	3
Presentación (por Héctor Ñopo Aguilar)	5
Nota del autor	9
Etapa 1. Planificar (Plan)	11
Del Aseguramiento a la Calidad Total	12
Los Maestros de la Calidad: Shewhart y Deming	17
Enfoque basado en Procesos	23
La Calidad y el enfoque al Cliente	28
Los 10 Principios Fundamentales de la Calidad Total (Feigenbaum)	31
Etapa 2. Hacer (Do)	37
El Análisis de Riesgos y Oportunidades	38
Control Documental	42
La Evolución de la Gestión de Proveedores	46
La Gestión de los Recursos Humanos	50
La Gestión de la Infraestructura	54
Etapa 3. Verificar (Check)	57
El Concepto de la "Fábrica Fantasma" en Calidad	58
La Gestión de las No Conformidades	62
Los Principios de Auditoría	67
Los Indicadores o KPIs	72
ETAPA 4. ACTUAR (ACT)	75

La Revisión del Sistema   76
Los Obstáculos de la Calidad. Deming   82
Las Siete Herramientas de la Calidad   87
La Innovación Incremental y la Mejora Continua   94
Artículo "Extra". El Futuro de la Calidad   98

Presentación (por Héctor Ñopo Aguilar)

Transparente. Calidad, Estrategia y Liderazgo

Si el apellido "Blanco" de mi apreciado amigo Daniel, tiene como origen un apodo referido a la cualidad del color de piel; hoy me atrevería a cambiarle el apellido por "Transparente", es una cualidad natural en José Daniel, es una cualidad muy importante que espero encontrar en cada una de las personas con las que interactúo y mucho más en mis amigos (tengo pocos amigos, me gustaría tener más).

He releído cada uno de los artículos que Daniel ha recolectado, revisado y actualizado para este libro, con mucha alegría y mientras me tomo un café escribo esta humilde presentación, agradeciendo a Daniel por haberme elegido para escribir estas líneas; debo confesar que estuve muchísimo tiempo con el "papel en blanco", conforme iba releyendo los artículos esta presentación se fue escribiendo sola.

Organizar esta publicación con la mayor afinidad posible a un ciclo de mejora continua, es una muy brillante idea, pues permite al lector releer estos artículos conforme los vaya necesitando en cada ciclo de mejora en el que esté involucrado, buscando siempre que las mejoras verdaderamente entreguen valor, queden estandarizadas y formen parte de la cultura de las organizaciones.

Escribir no es nada fácil, sintetizar mucho menos, lograr que el lector pueda releer lo escrito es muchísimo más difícil, cada artículo se entiende muy bien; Daniel logra que el lector relea cada uno de sus artículos en distintos momentos, cada vez encontrará un aporte nuevo y podrá ir conceptualizando aplicativamente cada una de las ideas que Daniel comparte.

Daniel viene escribiendo, brillantemente, estos artículos en su blog desde agosto del 2014.

Si alguien me preguntara: ¿Qué artículo le recomiendo? Le respondería que ninguno. Del mismo modo si alguien me preguntara: ¿En qué orden los leo? Le respondería no lo sé. Estos artículos no están pensados para construir "un ladrillo más en la pared", están pensados para que los uses conforme tus propias necesidades y conforme las circunstancias que estás viviendo en tu experiencia personal de Sistemas de Gestión, cada uno es de corta, fácil y rápida lectura, sintetizando experiencias más que conceptos.

Hace unas semanas, estaba revisando los indicadores de una organización en el mundo de la banca y las finanzas, especialmente aquellos de resultados desde el punto de vista del cliente, revisé nuevamente los artículos: "Los indicadores en los sistemas de gestión", "La calidad y el enfoque al cliente", "Enfoque Basado en Procesos" y "La Gestión de No Conformidades en los Sistemas de Gestión de Calidad", me fueron muy útiles para este caso y oportunidad.

Hace algunos años, estaba preparando una presentación cuyo título fue: "Desarrollando el Músculo Creativo", recuerdo haber revisado el artículo: "La innovación incremental y la mejora continua".

Durante esa presentación, hubo algunas preguntas referidas a las barreras que hay en las organizaciones y a veces escasas capacidades creativas de las personas, luego acudí a los artículos "Análisis de Riesgos y Oportunidades en la Calidad" y "La Gestión de Recursos Humanos en los actuales Sistemas de Gestión de Calidad", brindándome ideas para mejorar esta presentación.

"Gestión Documental en los Sistemas de Gestión de Calidad", muestra le evolución que ha tenido este gran tema en las distintas versiones de la norma ISO 9001, poniendo énfasis en la necesidad de hacer documentos cada vez más prácticos, simples y flexibles de acuerdo a las necesidades de cada organización y las personas que los usan.

Si tu interés es comprender la evolución del concepto de calidad y la diferencia que hay entre Aseguramiento de la Calidad y la Gestión de la Calidad, debes acudir sin duda al artículo: "Del Aseguramiento a la Gestión de la Calidad".

En el caso de que desees explorar otras herramientas de mejora y calidad, más allá de las herramientas básicas de calidad, puedes encontrar un buen compendio de herramientas en el artículo: "Las Herramientas Avanzadas de la Calidad", a partir del cual puedes profundizar en las herramientas que consideres que mejor se apliquen para tu caso, revisando otras publicaciones que Daniel recomienda.

Notarás que: gracias a toda la experiencia, a la capacidad de reflexión y la cualidad de transparencia que tiene Daniel, ha logrado compendiar varios de los aspectos que uno debe considerar en un Sistema de Gestión. En este sentido, vas a encontrar importantes aportes en artículos como: "La Gestión de la Infraestructura en los Sistemas de Gestión de Calidad", "La Evolución de Gestión de Proveedores en los Sistemas de Gestión de Calidad", "La Revisión del Sistema de Gestión de Calidad", "Los Principios de Auditoria de un Sistema de Gestión".

El artículo: "Los Obstáculos de la Calidad. Deming", me enganchó y llevó a ver otras publicaciones y meditar sobre Gestión del Cambio, así como revisar a otros autores que tratan este tema, crucial para la estandarización y el logro del cambio cultural en nuestras organizaciones para consolidar la mejora.

Daniel tiene muchas y muy buenas publicaciones en su blog, solo algunas de ellas están consideradas en este Libro. Aún hay muchas más experiencias por compendiar y compartir, por lo que sin duda un segundo o tercer libro, va a ser de mucha utilidad para quienes estamos interesados en Sistemas de Gestión.

Muchas gracias Daniel por tu dedicación y por poner a disposición este libro, sin duda se convertirá en uno que todo especialista o interesado en sistemas de gestión lo tenga a mano. Un fuerte abrazo amigo.

Héctor Ñopo Aguilar
Consultor Principal
Value Hunter SAC
Lima – Perú.

Nota del autor

Este libro nace de un proceso de evolución. En 2014 comencé a escribir un blog dedicado a la calidad, la idea surgió con el objeto de poner negro sobre blanco mis conocimientos relacionados con el tema de la calidad y la consultoría en las empresas siempre desde mi experiencia en diversos sectores. Según iba avanzando y publicando artículos el tiempo dedicado a su preparación me llevó a revisar y "desempolvar" teorías y clásicos relacionados con el tema de la calidad, así como a ir introduciéndome en el tema del management y consultoría empresarial. Debo reseñar que fue mi querida mujer, Eva, la que me animó en este "camino" y fue mi primera inspiración pues ella ya llevaba algunos años con un blog relativo a la asesoría laboral (con mucha aceptación por cierto), ella ha revisado el manuscrito y me ha apoyado en este proyecto (uno de tantos) que como profesional independiente he considerado efectuar, tiene su "hueco" en esta dedicatoria.

El planteamiento de cada artículo me ha llevado a consultar diversas fuentes que me han ido enriqueciendo tanto en mi propio desarrollo profesional como en la dinámica de publicación de nuevos artículos y esta dinámica, a partir de 2020, ha "sembrado" la idea de traspasar algunos de los artículos del blog a este libro, lógicamente los he revisado, actualizado y en algunos casos intentado ampliar y mejorar.

Debo reseñar que a pesar de trabajar como consultor, auditor y formador y llevar varios años escribiendo artículos el reto de "generar" un libro ha sido más que interesante. La adaptación de los textos al "formato libro" y el estudio de donde y como publicarlo ha sido un proyecto en si mismo, del cual también he ido aprendiendo bastantes cosas en el camino, desde ideas y fundamentos de los clásicos que todavía funcionan hasta nuevas tendencias que pueden aplicarse satisfactoriamente en las organizaciones actuales.

Muchos de mis compañeros y conocidos me han animado en este proyecto, comentándome la buena idea que sería tener "condensados" los mejores artículos dedicados al tema de calidad como "libro de consulta", tanto para los que llevamos tiempo dedicado a la consultoría empresarial como para aquellos que están comenzando en el fascinante tema que es la calidad empresarial.

Tengo que agradecer la presentación efectuada por mi compañero y amigo en la distancia, Héctor Ñopo Aguilar, una de esas personas que me he encontrado en mi carrera profesional y con el cual comparto mi aprecio por la calidad y con el que he desarrollado parte de mis actividades de formación y consultoría. Sinceramente no se puede tener mejor "padrino" en la presentación del libro.

Debo hacer una mención especial a mi hija Vega, mi princesita, la cual con su tremendo arte para el dibujo y sus 13 años, ha dibujado las ilustraciones de este libro, echándole muchas ganas y tal vez tanto tiempo como su padre. Desde estas líneas un besazo muy grande de tu padre.

Por último y para ti, lector, que tienes este manual en tus manos, indicarte que no hay un orden en la lectura de los artículos y que éstos están escritos desde mi experiencia intentando ser lo más objetivos y prácticos posibles. Su lectura puede ser totalmente al azar o como apoyo en la clarificación de algún tema. Como guiño a Deming el libro lo he "dividido" en cuatro partes siguiendo el ciclo de mejora continua: Planificar, Hacer, Verificar y Actuar. Adelante con los 18 artículos, más uno inédito de regalo, que la calidad te acompañe y muchas gracias por adquirir este libro.

José Daniel Blanco Alonso
Consultor de calidad, estrategia y liderazgo
En San Lorenzo de El Escorial a 21 de Agosto de 2022

Etapa 1. Planificar (Plan)

Del Aseguramiento a la Calidad Total

Los Sistemas de Calidad han evolucionado, en los últimos años, desde el concepto de aseguramiento al "formato" de gestión de la calidad total. Esta evolución ha ido acompañada y "empujada" en la revisión de las normas ISO presentando el cambio más visual y relevante en la aprobación de la versión del año 2000.

En un primer lugar el **aseguramiento de la calidad** busca la adecuación de los procesos de trabajo a unas normas que garanticen su realización coordinada y eficiente con objeto de conseguir unas características determinadas del producto o servicio.

Por su parte la **gestión de la calidad** además de considerar el punto anterior (especialmente garantizar la realización del trabajo en línea con los objetivos de la empresa) demanda la implicación de todos los integrantes de la organización en la mejora de los procesos de un modo continuo (considerando la eficacia y eficiencia de los mismos) para lo cual toma como punto de partida los requerimientos de los "agentes de su entorno" (principalmente sus clientes, aunque no se debe olvidar a la competencia, tendencia del mercado, etc.).

La diferencia de "enfoque" entre el aseguramiento y la gestión de la calidad total se puede comprobar mediante sus diferencias en relación a las siguientes categorías:

1. **Concepto de calidad.** El aseguramiento de la calidad se enfoca hacia la prevención con el objetivo de la resolución de deficiencias. La calidad se entiende como la conformidad con unas especificaciones, por lo que se "mide" la falta de calidad por el número y gravedad de las no conformidades recogidas en relación a dichas especificaciones. Por su parte la calidad total se entiende como una oportunidad para satisfacer las expectativas del cliente, maximizando el valor del

servicio o producto y persiguiendo la búsqueda de la excelencia.

2. **Filosofía de gestión.** El aseguramiento de la calidad se basa en mantener y controlar el cumplimento de unas especificaciones marcadas, lo que ofrece una visión estática de los sistemas, orientando la empresa hacia la realización de trabajos con el nivel de calidad prefijado desde su programación hasta su entrega. La gestión de la calidad imprime un carácter dinámico al introducir el principio de la mejora continua en la empresa de modo que se persiga la satisfacción del cliente, así como del resto de grupos de interés de la entidad.

3. **Impacto sobre la competitividad de la empresa.** Los sistemas de aseguramiento de la calidad tienen un componente principalmente interno y desde ese punto de vista el control de sus procesos influyen en la mejora a corto plazo del trabajo de la organización. La correspondiente ampliación del enfoque a la gestión de la calidad imprime en la toma de decisiones el "factor" externo de la relación de la empresa con su entorno, de modo que la sistemática toma en consideración la opinión de sus clientes así como la evolución de la competencia y sus mercados para la toma de decisiones, conllevando (y obligando) a un salto cuantitativo y cualitativo y ampliando el espectro en las actuaciones de mejora.

4. **Objetivos.** El planteamiento básico del aseguramiento de la calidad es la minimización de los costes derivados de los errores, buscando la ejecución de los trabajos, haciendo las cosas bien a la primera e intentando maximizar la eficiencia del trabajo. Por su lado la gestión de la calidad marca como característica principal la satisfacción de los clientes (internos y externos) colocando el acento en la eficacia y en el diseño de objetivos con un carácter más estratégico que oriente a la empresa hacia el mercado*.

Observación*. *En los últimos años, y seguramente como consecuencia de la situación económica global, hemos visto una elevación de la eficacia (o búsqueda de la misma) en los proceso de trabajo. Esto se ha visto "empujado" activamente por las Direcciones de las empresas con objeto de mantener y mejorar sus trabajos, empleando el menor de recursos posibles y de un modo más adaptable a cambios y necesidades. Como consultor creo que, en nuestro trabajo, no deberíamos olvidar la búsqueda de la eficiencia de los procesos de la empresa, de modo que los recursos puestos en juego por la empresa no se desperdicien.*

5. **Alcance o globalidad del enfoque.** El aseguramiento de calidad ponía el acento en aquellas áreas o departamentos directamente implicados en el proceso productivo o el desarrollo del servicio. La gestión de la calidad amplía el campo a toda la empresa, cobrando especial relevancia la implicación de la Dirección en el diseño y liderazgo de los sistemas de gestión como punto fundamental de los mismos. De este modo se amplía el enfoque de la calidad a todos los procesos de la entidad tanto "directos", con el desarrollo del trabajo, como "indirectos" o de apoyo a dicho trabajo.

6. **Métodos de trabajo.** La diferencia también es notable en este punto. Los sistemas de aseguramiento de la calidad establecen normas y sistematizan los procesos a través de los procedimientos de trabajo, controlando y evaluando su nivel de desempeño en función de las desviaciones con las directrices documentadas. La gestión de la calidad da por superado el planteamiento anterior (aunque no lo abandona) y amplía el modelo en el diseño de un conjunto de indicadores y objetivos de referencia, a partir de información tanto interna de la empresa como externa (clientes, evolución de mercado, amenazas, etc.), lo que conlleva una "movilización" de toda la organización con el fin de lograr las mejoras y objetivos planificados (los indicadores pasan a suministrar información relevante de todos los procesos de la empresa –internos y externos- y su

valor y evolución en el tiempo sirven de base para la adopción posterior de decisiones).

7. **Gestión de los recursos humanos.** En este punto el aseguramiento de la calidad busca, principalmente, que las personas tengan las aptitudes adecuadas para el desempeño de sus tareas (capacitación), la documentación establece quién y cómo se efectúa cada tarea. La gestión de la calidad considera al personal como una fuerte ventaja competitiva en relación a la competencia, fomentando (o debiendo fomentar) la formación continua, la delegación de responsabilidades, el trabajo en equipo y la participación activa en el sistema de gestión. Actualmente ambos enfoques se suelen tener en cuenta para la gestión de los recursos humanos de la organización, se busca la capacitación y competencia del trabajador en su puesto de trabajo (yendo actualmente a una mayor versatilidad y mayores competencias) y al mismo tiempo se intenta ampliar su desarrollo profesional y fomentando su participación activa en el sistema de gestión.

8. **Asignación de las responsabilidades.** En relación a este último apartado el aseguramiento de la calidad conlleva (*más bien conllevaba*) el diseño de las normas, documentación y control de la misma por parte del Responsables o Departamento de Calidad. La gestión de la calidad implica el diseño de objetivos y planes por el área de calidad ejerciendo una labor de consultoría para el resto de áreas de la organización, lo que conlleva la participación de todos los departamentos en el Sistema de Calidad, así como el control particular de cada uno en su ámbito de responsabilidad. *La visión general considera la participación activa del área de calidad en la "redacción" de la documentación del Sistema de Calidad teniendo en cuenta el punto de vista de cada departamento, de modo que se integra su opinión y "saber hacer" en el sistema de gestión de calidad con objeto de que después, cada área sea capaz de*

controlar su propia evolución y plantear sus propias acciones de mejora.

Los que vivimos la transición de la norma desde su versión de 1994 a la del 2000 comprobamos este cambio de enfoque y asumimos que las actualizaciones de los Sistemas de Calidad no se limitaban a la "colocación" de uno o más procedimientos y el "maquillaje" de la Política y el Manual de la organización. La entrada con fuerza de la Dirección en la toma de decisiones, el replanteamiento de la organización con el enfoque a procesos y sobre todo, la consideración "externa" de la filosofía de la empresa, tomando conciencia de las opiniones de los clientes, para integrar dicha información en la dinámica de planificación y adopción de medidas por parte de la empresa, conllevaron un cambio profundo al enlazar una visión interna y particular en cada empresa de la calidad, con una necesidad dinámica de los Sistemas de Gestión de Calidad teniendo en cuenta la relación de las entidades con su entorno y partes interesadas (especialmente los clientes). Todo ello situó la calidad en un proyecto a medio y largo plazo que garantiza la propia existencia de la empresa.

"Los trabajadores solo manejan el dinero, es el cliente el que paga los salarios"
Henry Ford. Empresario estadounidense.

Los Maestros de la Calidad: Shewhart y Deming

Los que nos dedicamos a temas de calidad y consultoría de empresas tenemos una serie de **referentes** que con su trabajo han ido marcando técnicas, métodos o referencias, que se han convertido en las "herramientas" de nuestra labor. Considero como punto de partida a dos grandes maestros: Shewhart y Deming cuyo desarrollo de la calidad a lo largo del siglo XX marcó el camino a seguir, cambiando para siempre el enfoque de la Dirección en relación a la administración de sus organizaciones.

Considerando la producción en serie como imperante en la primera mitad del siglo XX y como "piedra angular" del desarrollo del trabajo (*especialmente de fabricación*), las **ideas** *"generadas"* por Shewhart y Deming supusieron una especie de revolución en la *"búsqueda"* de la eficiencia del desarrollo del trabajo así como un cambio conceptual necesario tanto en el estilo de la Dirección como en la participación de los trabajadores.

Walter A. Shewhart es considerado el padre del **control estadístico de la calidad**. Estadounidense, nacido en la última década del siglo XIX fue doctor en física y trabajo para Western Electric Company desarrollando el Control Estadístico de Procesos (SCP) y determinando sus principios esenciales.

Shewhart delimitó la relevancia de que el ajuste "reactivo" a las desviaciones que se producen en un proceso de fabricación, realmente elevaba la variación y disminuía su calidad. Desarrolló las gráficas de control con el fin de vigilar la *"variablidad natural"* del propio proceso (inherente), así como un segundo tipo de variabilidad, consecuencia de situaciones poco frecuentes y no deseadas (por desgastes, por un nuevo trabajador sin formar, por modificaciones de proveedores, etc.).

Esta distinción abrió la vía para poder efectuar predicciones y gestionar mejor los procesos*.

Observación*. *Como apunte debe tenerse en cuenta que la persecución de la calidad y la mejora continua "obliga" a tratar ambos tipos de variabilidades de un modo distinto. Las correcciones sobre la variabilidad natural deben enfocarse sobre el propio sistema y proceso y ser efectuadas por personas que lo conozcan en profundidad (así como sus interrelaciones), de otro modo podríamos tener el efecto contrario –lo que Deming llamó posteriormente Sobreajuste del Sistema-. Por otro lado la "otra variabilidad" debe ser atacada en sus causas asignables de modo que su identificación conlleve a su eliminación o al menos a la minorización de sus efectos (mayor formación o entrenamiento, plan preventivo de la infraestructura, etc.)*

Se le considera el padre del **Ciclo PDCA**, cuyas premisas: planificar (plan), hacer (act), verificar (check) y actuar (act) fueron asumidas por Deming:

Planificar. Esta fase establece las acciones o actividades que son necesarias para obtener el resultado requerido. El diseño de todas las etapas, así como de los diferentes hitos intermedios, que deberán incluir los recursos y el espacio temporal deseados, apoya la necesidad de su estudio preliminar y favorece el control y seguimiento posterior.

Hacer. Se comienzan a efectuar los programas y actuaciones planificados inicialmente. Comienza la fase de implementación de lo acordado.

Verificar. La recopilación de datos y su comparación con lo esperado en la planificación conforman esta etapa. La evaluación de los logros conseguidos y la evolución de los diferentes "hitos" programados son revisados para comprobar la eficacia de las acciones emprendidas.

Actuar. Con toda la información recabada del proceso ejecutado se procede a efectuar los ajustes necesarios, que retoman el primer paso de planificación, cerrándose el círculo y entrando en una espiral de mejora continua.

Shewhart definió los intervalos de tolerancia (idea estadística) así como sus reglas de representación de datos, por la cual la información debe estar situada en un contexto (*sino carece de significado*) y que dicha información contiene señal y ruido, debiendo separar ambas para ser útil. Shewhart trabajó como consultor y formador, publicando artículos tanto en Estados Unidos, en el Reino Unido, en la India y Japón con una visión muy operativa de su trabajo.

William E. Deming es considerado como el gran maestro nacido a principios del siglo XX en Estados Unidos, su colaboración con la calidad es indudable. La base de su trabajo es el control estadístico de los procesos desarrollado por Walter A. Shewart. Ingeniero y Doctorado en Física trabajó para el Departamento de Agricultura y para el Departamento de Defensa durante la segunda guerra mundial donde mejoró la calidad del material bélico.

En la década de los '50 salta a Japón (*totalmente en reconstrucción tras la segunda guerra mundial y más abierto a los temas de control de procesos y mejora de la calidad**) formando a ingenieros, directivos y estudiantes en relación a conceptos de **calidad** y **SPC** (control estadístico de procesos).

*Nota. Curiosamente sus trabajos para la "defensa" estadounidense fueron "olvidados" al acabar la guerra mundial como consecuencia del cambio de fuerza laboral (incorporación de los veteranos de guerra) y el cambio de orientación de las direcciones empresariales.

También asumió el "Ciclo de Shewart" base de la mejora continua (y del que nunca se apropió) y fundamento de todos los sistemas de gestión actuales*.

*Nota. Merece especial atención Konosuke Matsushita, empresario japonés prácticamente desconocido en occidente y cuyos siete principios determinados en 1932 ya abogaban por el trabajo en grupo y la búsqueda de la mejora continua. También debe considerarse el llamado ciclo o bucle OODA de Boyd que centra un mayor enfoque en la "recogida de datos" y preparación del "camino" para la toma de decisiones.

El "resurgimiento" de la economía japonesa entre los años '50 y '60 del pasado siglo y el cambio de "paradigma" del "made in Japan" transformó a Japón en una fuerte economía basada en la calidad de sus artículos y productos, así como en su fuerte competencia en costes, mientras que en los Estados Unidos y Europa "la calidad" de los artículos, servicios y del conjunto de procesos, descendía fuertemente. La recuperación de Deming en 1980 (*en un programa televisivo*) bajo la sentencia "Si los japoneses pueden, ¿por qué nosotros no?" volvió la vista de occidente hacia la calidad*.

*Observación. Se cuenta que Harley Davison estando al borde de la quiebra pegó en las paredes de su taller los 14 puntos de Deming con objeto de cambiar la mentalidad y modo de trabajo.

Deming defendió que cuando una organización trabaja progresivamente la calidad, se produce una **optimización de los recursos**, se bajan sus costes y se conquista el mercado. La idea central es que la mejora de la calidad conlleva una **reducción de los costes** como consecuencia del descenso de repeticiones y reprocesos y el mejor empleo de los tiempos y materiales. Se produce una elevación de la productividad, lo que conlleva a un mejor posicionamiento en el mercado, pues permite un precio menor y la generación de mayor trabajo.

Por ello en Japón se le considera como "el padre de la tercera revolución industrial" y el "premio Deming" se estima como el mejor "galardón" entre los premios de la calidad. Además del "afianzamiento del ciclo PDCA o de mejora continua" sus dos principales aportaciones fueron sus 14 puntos y las 7 enfermedades mortales de la Dirección:

Los **14 puntos** fueron presentados en su libro "Out of the Crisis" en 1984 y continúan siendo válidos para cualquier tipo de organización, independientemente de su sector o tamaño. Defienden en líneas generales la necesidad de la búsqueda de una mejora de los productos o servicios y la de los sistemas de trabajo (en todos sus ámbitos), para mantener nuestra competitividad, la necesidad de cooperación y lealtad de las partes interesadas (incluyendo proveedores, trabajadores y clientes) así como entre los diferentes departamentos de la entidad, eliminar la sistemática de inspección y fomentar la capacitación del personal y liderazgo a todos los niveles de la empresa.

Consideradas por Deming como la mayor oposición al cambio y a la implementación de la calidad en las organizaciones, las **7 enfermedades mortales de la Dirección** abarcan la falta de constancia a medio y largo plazo en las actuaciones de mejora, la sistemática de calificación del personal sobre el resultado final y no sobre el liderazgo, la elevada movilidad del personal con responsabilidad, la gestión y dirección de la empresa bajo las cifras numéricas económicas, alto grado de accidentes y elevación de costos de garantía.

Se debe destacar que Deming no consideraba la tecnología como la "panacea" para resolver los problemas y defendía que los trabajadores únicamente eran culpables del 15 % de los fallos, siendo el 85 % restante culpa de la sistemática implantada por la Dirección.

Siempre defendió que la calidad era cosa de todos los integrantes de la empresa y su trabajo se situaba en el largo plazo, ambos aspectos recogidos en sus famosos **Obstáculos de la Calidad**.

Actualmente la influencia de ambos "maestros" puede observarse en las organizaciones mejor gestionadas. La prioridad de la calidad, el trabajo en equipo, la búsqueda de sinergias con proveedores y la gestión de su relación, la colocación del cliente como pieza fundamental del trabajo y "management" de la entidad, la mejora de los procesos, la confianza y participación de los empleados y la transformación de las empresas en áreas más horizontales son ideas que proceden directamente de Deming y Shewart, tal y como conocemos los consultores que llevamos algún tiempo en este tema.

"Como seres humanos nuestra grandeza descansa no tanto en nuestra capacidad para rehacer el mundo, sino en poder rehacernos nosotros". W. E. Deming

Enfoque basado en Procesos

El llamado enfoque basado en procesos constituye uno de los actuales principios sobre los que descansan los sistemas de calidad y particularmente la norma ISO 9001.

Cada *proceso* puede definirse como el conjunto de actividades o etapas encaminadas a la consecución de un objetivo. En una organización pueden considerarse como procesos: determinación de requisitos del cliente (comercial), gestión de compras, gestión de recursos humanos, evaluación de clientes, etc. Su definición implica las siguientes etapas:

1. **Definición del objetivo del proceso.** Importante para determinar claramente las "salidas" y su relación con el siguiente o siguientes procesos del Sistema.

2. **Marcaje de las etapas o actividades que componen el proceso.** La determinación de las diferentes fases es necesario para delimitar su "idoneidad", así como la línea efectiva de trabajo efectuado en la empresa.

3. **Determinación de las responsabilidades y recursos necesarios para cada etapa del proceso.** Vinculado totalmente con la etapa anterior, la determinación del personal que interviene en cada fase, así como sus tareas desarrolladas (*y recursos necesarios*) es indispensable para su planificación y ejecución.

4. **Fijación de verificaciones y toma de datos a realizar.** Parte final (y "recurrente") donde se determinan los "controles" propuestos por la organización de cara a valorar y "reevaluar" repetidamente el proceso, de modo que se "vigile" su eficacia operativa en la empresa.

Ejemplo. Se puede considerar el proceso de evaluación de clientes cuyo objetivo es medir y conocer el grado de satisfacción de los mismos en relación a nuestro producto o servicio prestado. Las etapas quedan definidas en la programación de cómo se va a efectuar dicha valoración (encuestas, reuniones, etc.), el diseño del formato de recogida de datos y la determinación de quién y cómo en la empresa va a efectuar dicha valoración, delimitándose si se necesitan recursos (económicos, formativos, etc.) adicionales para llevarla a cabo. El proceso será analizado tras la recogida de información valorando su correcta realización, así como los datos registrados generalmente mediante indicadores del sistema.

Se puede observar que el planteamiento de cada proceso sigue la metodología definida en el **Ciclo de Deming** pues sus resultados, deben ser controlados y evaluados de modo que puedan mejorarse progresivamente y ajustarse a los cambios necesarios.

La división del Sistema de Gestión en procesos (los cuales no tienen por qué coincidir, y <u>generalmente no coinciden</u>, con los departamentos o áreas de la organización), conocer y gestionar sus relaciones y emprender mejoras en cada uno de ellos, en el marco de la mejora continua del Sistema y la búsqueda de la excelencia empresarial.

Ejemplo. El proceso de compras en una empresa puede englobar al área de compras y al área de almacén (pudiendo ser ambos departamentos separados de la empresa). La petición de artículos a los proveedores (y el control de los mismos) puede ser desarrollada por el área de compras y sin embargo, la recepción de los pedidos y el control de los mismos podría ser efectuada por el área de almacén.

En líneas generales la versión de la norma de 2015 determina cinco grandes bloques a considerar:

- **Análisis inicial.** La organización evalúa su posición estratégica en relación al contexto donde opera y los requisitos de las *partes interesadas*, así como sus *fortalezas y debilidades*, determinando por un lado el conjunto de riesgos y amenazas y por otro las oportunidades para su desarrollo, todo como punto de inicio para delimitar su ámbito de trabajo (*aplicación de la norma en la entidad*) y el conjunto de procesos a definir.

- *Liderazgo y planteamiento de objetivos.* Delimita la necesidad de implicación de la Dirección en la implementación, mejora y mantenimiento de la sistemática de calidad en la organización, así como la determinación de los objetivos y las acciones a desarrollar por parte de la empresa con objeto de reducir sus amenazas y debilidades y aprovechar sus oportunidades y fortalezas.

- *Procesos de apoyo.* No relacionados directamente con la prestación del servicio o generación del producto, pero imprescindibles para la consecución de la estrategia general de la empresa. La competencia y capacitación del personal, la gestión de la infraestructura, el control documental y el control de proveedores, subcontratistas y colaboradores son ejemplos relevantes de este tipo de procesos.

- *Procesos operativos.* Abarcan toda la línea principal de trabajo, desde los acuerdos con los clientes y las especificaciones del producto a entregar o servicio a prestar, hasta el diseño y control de las diferentes fases de trabajo y la necesaria atención post-venta.

- *Evaluación y mejora.* Constituyen la parte final, en la cual se efectúan los análisis y revisiones de mejora del sistema generado. Abarcan los puntos de la realización de las auditorías del sistema, el control de la opinión de los clientes, la revisión del sistema (*donde se efectúa un análisis global de la organización y que generalmente se efectúa con una periodicidad anual*) que incluye, el control de errores y la determinación y revisión de nuevos objetivos y metas (así como la revisión de las actuaciones del anterior periodo).

La interacción entre los diversos "procesos-subprocesos" del sistema sirve como "camino" para la determinación posterior de los correspondientes procedimientos e instrucciones que conforman el cuerpo documental del Sistema de Gestión de la Calidad.

Generalmente las empresas trasladan sus procesos del sistema a procedimientos e instrucciones, de este modo, se genera la documentación del Sistema indicando cómo se efectúa cada proceso, quién son los responsables del mismo y los registros de control que se emplean.

La principal ventaja del enfoque basado en procesos es el **control continuo** que proporciona sobre los vínculos entre las diversas actividades individuales dentro del sistema de procesos, así como sobre su combinación e interacción con independencia de su estructura (*esta interacción es igual de importante que la determinación de los propios procesos, pues marca la línea de "trabajo" de la empresa, así como su orientación y favorece el control de las diferentes actuaciones desarrolladas por la entidad*).

Este enfoque prioriza la importancia de:

- La comprensión y el cumplimiento de los requisitos.
- La necesidad de considerar los procesos en términos que aporten valor.
- La obtención de resultados del desempeño y eficacia del proceso.
- La mejora continua de los procesos con base en mediciones objetivas (control de datos e indicadores correspondientes y generación, en muchas empresas, de un Cuadro de Mando) que determina sus actividades prioritarias con objeto de optimizar y determinar su estrategia empresarial.

La aplicación de la "visión" basada en procesos garantiza el control por "unidades" relacionadas, controlando las diferentes "entradas" de información y artículos en cada dinámica, el "trabajo" efectuado en cada apartado junto con las necesidades de recursos que precisa" y las "salidas" de cada proceso que, a su vez, se convierten en entradas del siguiente. Todo de un modo claro y ordenado que permite marcar valores de referencia para cada fase de la entidad y el posterior control de datos y análisis de cara a la mejora progresiva de las organizaciones.

Dentro de nuestro trabajo como **consultores**, en muchas ocasiones tenemos que "marcar" esta nueva visión de la empresa de cara a la Dirección de la entidad, de modo que se supere el "acotamiento" por departamentos o áreas preexistentes en prácticamente todas las organizaciones. Es de reseñar que en nuestro trabajo formativo la concienciación de que los trabajadores de cada proceso son "*proveedores*" del siguiente y a su vez "*clientes*" del anterior es una constante en cualquier proyecto de implementación.

"La calidad es un gran plan de negocios."
John Lasseter, Animador y Director de cine estadounidense.

La Calidad y el enfoque al Cliente

Desde la versión del año 2000 los Sistemas de Gestión de Calidad basados en los requisitos de la norma 9001 demandan la inclusión del análisis de la valoración de los clientes.

Indudablemente el cliente se ha convertido desde finales del siglo XX en el centro de la **estrategia empresarial**. Cualquier empresa se crea y se mantiene con el objeto de satisfacer una demanda del mercado y por ende de un grupo de clientes. Siendo de vital importancia que nuestro producto o servicio se ajuste y encaje con sus necesidades y expectativas.

Por otro lado, con la "irrupción" de la versión de 2015 y la incorporación del análisis basado en riesgos, las necesidades de los clientes deben ser consideradas y analizadas como **parte interesada** del Sistema de Calidad, sirviendo de punto de partida para el planteamiento posterior de objetivos y mejoras.

Debemos considerar que las **encuestas de satisfacción** suele ser el proceso más empleado para obtener información de nuestros clientes. Juega a favor de este método su fácil diseño y programación, la ventaja en la cuantificación de los resultados para su análisis y la "conexión directa" que la empresa hace con sus clientes, ya que este formato "abre" la puerta a la recogida de observaciones y/o mejoras en relación a nuestro trabajo.

El segundo "elemento" a tener en cuenta, prácticamente desde el comienzo de los Sistemas de Gestión de Calidad, son las reclamaciones. Actualmente consideradas como un tipo "especial" de no conformidad y que aporta información relevante en relación a nuestros **procesos operativos** y a los aspectos más importantes que consideran nuestros clientes.

En su análisis se sigue en muchos casos la metodología de Ishikawa para el análisis de causas, siendo el revisión de los motivos, la información más directa que considera la empresa.

El escenario se complementa, en algunas ocasiones, con información relativa a reuniones "directas" y abiertas de cargos de la organización con los clientes, donde en muchas ocasiones el "factor comercial" es el más relevante. Otra información "lateral" que se considera es el resultado y la información recogida de las auditorías, que nuestros clientes pueden llevar a cabo, donde se supervisan los procesos de trabajo y la dinámica de servicio para cubrir las necesidades de los clientes.

Por otro lado, un buen Sistema de Calidad, ofrece información "indirecta" en relación a nuestros clientes. Como ejemplo tenemos los valores de las ofertas o pedidos llevados cabo, en especial en negocios con clientes recurrentes. Los datos correspondientes a aceptación de presupuestos muestran información, además del proceso comercial, de la evolución de nuestra competencia así como del grado de cumplimento de las necesidades de los clientes.

Otro factor, no menos importante, son nuestros "empleados" o personal de primera línea: técnicos, administrativos, comerciales, directivos, etc., cuya relación con los clientes es prácticamente diaria. Sus opiniones y observaciones, generalmente más acertadas cuanto más abajo en la **estructura** de la organización, son vitales para la detección de tendencias, necesidades no cubiertas, fallos en nuestros procesos, etc.

También de los proveedores y colaboradores son aspecto importante a tener en cuenta. Debemos considerar que su información y metodología de trabajo nos mantienen al día de las tendencias del mercado, así como de las actuaciones que están llevando a cabo para "cubrirlas" pudiendo, nuestra empresa, aprovechar este conocimiento en el desempeño de sus procesos*.

<u>Nota</u>*. *Este punto lo desarrollamos bastante los que nos dedicamos a la **consultoría**. Como cualquier buen profesional tenemos la obligación de mantenernos al día en nuestro negocio y "trasladar" estas mejoras a nuestros clientes.*

Los actuales Sistemas de Gestión de Calidad tienen la obligación de mantener el principio de enfoque al cliente como "piedra angular" del desarrollo de sus procesos y sus recursos deben estar orientados a satisfacer sus necesidades del modo más eficaz y eficiente posible. En los actuales tiempos de **cambio** cobra una mayor relevancia "mantener nuestra red de conexiones", donde recogemos información de los clientes y datos sobre evolución y tendencias del mercado, de modo que podamos "esquivar" riesgos y "aprovechar" oportunidades de cara a la **mejora continua** de nuestras empresas y con el objetivo último de ofrecer el mejor producto y/o servicio.

"Si no sabes hacer la pregunta correcta, no descubres nada."
W. E. Deming. *Consultor estadounidense difusor del concepto de la calidad total*

Los 10 Principios Fundamentales de la Calidad Total (Feigenbaum)

Armand V. Feigenbaum, desde los años 30 y 40 del siglo pasado, impulsó el enfoque sistémico de la calidad ampliando su responsabilidad a toda la organización, orientando su trabajo hacia la excelencia, más allá del control de defectos y situando a los clientes en el centro de la orientación del trabajo de cualquier empresa. Su libro **Control Total de la Calidad** (editado en los años 40) recoge los llamados 10 principios fundamentales de su filosofía.

La Calidad es un proceso que afecta a toda la compañía (1)

Se puede considerar un axioma principal de la calidad. Toda la empresa debe estar orientada a la calidad, desde la Dirección hasta los trabajadores "de base", pasando por sus diferentes cargos intermedios. **Cada empleado** de la organización debe entender y creer en sus procesos de trabajo. Puede que se trate, todavía, de una de las asignaturas pendientes de muchos Sistemas de Gestión de Calidad donde se considera que la calidad únicamente pertenece al departamento o al Responsable de Calidad.

La Calidad es lo que el cliente dice que es (2)

La orientación de los actuales Sistemas de Gestión de Calidad hacia los requerimientos y **requisitos del cliente** es un hecho (ya *anticipado por Ishikawa en sus principios y desarrollado en los últimos años mediante la llamada "Experiencia del Cliente"*). El cliente determina las características que tanto un artículo como un servicio deben cumplir, siendo necesario que la empresa se encuentre al tanto de dichas expectativas.

El mejor producto, según nuestros parámetros, puede dejarnos fuera del mercado, si no cumple las expectativas del cliente *.

*Observación**. Desde este punto de vista tanto las reclamaciones como la realización de encuestas de satisfacción bien enfocadas son "puntos de entrada" de información valiosa, que debe ser tratada y analizada por los líderes de la organización.*

Calidad y costo son una suma, no una diferencia (3)

Ambas características van de la mano y no deben analizarse por separado. Durante muchos años se ha considerado (*y en muchas organizaciones se considera*) como un costo que debe imputarse en la cuenta de resultados de la entidad. La creencia de que mayor calidad llevaba implícito un mayor costo, se ha ido diluyendo a lo largo de los últimos años, bajo la premisa de que elaborar nuestro producto o prestar nuestro servicio del **mejor modo** significa su realización más rápida, con menor número de errores y reprocesos y por lo tanto de un modo más rentable.

La calidad requiere tanto de individuos como de equipos entusiastas (4)

En muchas entidades la calidad únicamente se vislumbra como "islas de mejora" radicadas en ciertos departamentos e impulsadas por algún líder individual. La calidad requiere su aplicación por procesos y su "transferencia" entre las diversas áreas que componen la organización. En no pocas ocasiones la "fluidez" de los "puentes" entre los departamentos de la empresa es la que garantiza el **buen desarrollo** de los Sistemas de Gestión de Calidad.

La calidad es un modo de administración (5)

La gestión de las organizaciones ha pasado desde el simple traslado de ideas de la alta dirección a los trabajadores (*y el control de la ejecución sumisa por estos de las directrices impuestas desde "arriba"*) hacia el desarrollo de organizaciones mucho más horizontales y la dotación a los responsables y líderes de segundo y tercer nivel de responsabilidad en la gestión y operación (*el llamado "empowerment"*). La calidad de este modo "baja a la arena" siendo los trabajadores y responsables "**más próximos**" a cada proceso, los encargados de su control y mejora continua.

La calidad y la innovación son mutuamente dependientes (6)

Tanto desde la fase de diseño de un determinado producto o servicio, como en su "puesta en marcha" y entrega al cliente, la calidad debe ser tenida en cuenta en todo el proceso para garantizar su éxito y mejora continua. También en este caso la opinión del cliente es un "diamante en bruto" que debe ser explotada. Hay que recordar, que correctos diseños preliminares pueden eliminar o reducir muchos problemas posteriores y que el diseño de una determinada línea de negocio puede verse "comprometido" por un desarrollo erróneo de un determinado proceso. Por último la innovación incremental, que se implementa progresivamente en los diversos procesos de la entidad, es el **pilar fundamental** de la mejora continua de cualquier empresa.

La calidad es una ética (7)

Recordando a Feigenbaum "*la práctica de la excelencia o el profundo reconocimiento de que lo que usted está haciendo es lo correcto, es el **mayor motivador** humano en una organización*".

La realización de nuestro trabajo con calidad y bajo unos parámetros estandarizados (*que deben ser continuamente revisados*) ofrece a cada trabajador la seguridad de efectuar su tarea correctamente a la primera (*concepto del Cero Defectos*) así como de su integración en una organización donde sus productos o servicios son apreciados por los clientes*.

<u>Nota</u>*. *No hay mayor frustración en cualquier puesto de trabajo que pasarse media mañana resolviendo problemas generados por un producto o servicio defectuoso.*

La calidad requiere una mejora continua (8)

La dinámica de la calidad no tiene techo. Su planteamiento se basa en el Ciclo de Deming donde todo se analiza y revisa de un modo continuo, adoptando actuaciones para resolver o mejorar aquellas actividades o dinámicas que lo precisan. La mejora continua afecta tanto a **las personas** (*pilares de cualquier empresa*) como a los **equipos de trabajo** (*considerando las innovaciones de cada sector*), a los propios **procesos organizativos** (*que deben ser adecuados a medida de sus necesidades*) y lógicamente a los propios productos o servicios, considerando en todo momento nuestros recursos y las expectativas de los clientes. La mejora continua es necesaria para mantener nuestra competitividad en el mercado.

La mejora de la calidad es la ruta más efectiva y menos intensiva en capital para la productividad (9)

Este axioma se puede considerar como el "**argumento de venta**" más potente de la implementación de un Sistema de Gestión de Calidad en cualquier empresa. Enlaza directamente con el punto 3 anteriormente definido.

La gestión global de la calidad como resumen de todos los apartados anteriores: participación completa de toda la organización (*de la mano de buenas acciones formativas y de concienciación además de un buen liderazgo*), consideración de los clientes como "padres de la calidad", el trabajo por procesos, los "puentes interdepartamentales", etc. conllevan la "generación" de entidades donde progresivamente se reduce el número de errores (*tanto externos como internos*), la información "fluye" entre áreas, se analiza y se corrigen o mejoran procesos, manteniéndose al cliente en el "centro" del trabajo efectuado. El descenso de problemas y la mejora de nuestros productos/servicios con su mejor posicionamiento en el mercado conlleva la elevación de nuestra productividad.

La calidad se implementa con un sistema total conectado con los clientes y proveedores (10)

Este último punto determina que la calidad trasciende las "fronteras" de nuestra organización haciéndose *global*. La organización debe considerar requisitos y demandas de sus partes interesadas e incorporar dichas necesidades en su Sistema de Gestión*. La integración con proveedores es un hecho (*además de una necesidad*) en muchas organizaciones, la consideración de las opiniones de los trabajadores (*y su traslado efectivo a los diferentes procesos de la entidad*) es un requerimiento necesario para la mejora continua y el lógico posicionamiento de la figura del cliente (*con sus múltiples variaciones, especialmente en las empresas de servicios*) es la "piedra angular" del desarrollo de nuestros servicios actuales y futuros.

Aclaración*. La Norma UNE-EN ISO 9001:2015 demanda de las organizaciones la consideración de los requisitos de sus stakeholders como parte fundamental para determinar sus procesos y estrategia de la organización.

Para todos lo que nos dedicamos a temas de calidad: responsables, directivos, consultores, auditores, etc. estos 10 principios pueden considerarse como una "**brújula**" en el planteamiento, implementación, mantenimiento y mejora continua de las organizaciones. Que la calidad deriva en una sistemática de trabajo que debe abarcar toda la compañía y sus recursos internos es una necesidad. Que los directivos deben apostar por ella y que los trabajadores deben participar en los procesos donde están involucrados, es un objetivo primordial a alcanzar, así como en la dirección estratégica de la organización. Que la mejora continua va de la mano de la innovación es un punto contrastado. Que la calidad supone un ahorro y no un coste para la empresa está más que demostrado. Que los sistemas deben hacerse globales y tener en cuenta el conjunto de "actores" interesados en nuestra organización es vital para el planteamiento de una correcta estrategia empresarial. Tal y como decía Crosby "**La calidad no cuesta**" (_pero exige un trabajo continuo_).

"La calidad es, en su esencia, un modo de dirigir la organización".
Armand V. Feigenbaum, empresario y experto en calidad estadounidense

Etapa 2. Hacer (Do)

El Análisis de Riesgos y Oportunidades

El llamado análisis de riesgos y oportunidades puede que se trate de uno de los apartados más novedosos de la versión de 2015 de la norma ISO de calidad.

Implementado para "reforzar" la cultura preventiva de los **Sistemas de Gestión de Calidad** más allá de las antiguas actuaciones preventivas, se trata de uno de los apartados a los que un mayor tiempo hemos dedicado los *consultores* con el fin de ponernos al día en este requisito.

Básicamente este análisis de riesgos y oportunidades se ha planteado en las organizaciones siguiendo los "enlaces" de la norma ISO, es decir teniendo en cuenta tres factores principales:

Requisitos de Partes Interesadas

Mediante el cual la empresa efectúa primero una relación de todos sus grupos de interés: dirección, trabajadores, proveedores, etc., y posteriormente delimita aquellas necesidades o demandas de los mismos que pueden dar lugar a riesgos u oportunidades.

Consideración de Debilidades y Fortalezas

Determinado en muchas entidades mediante un **análisis DAFO** de la organización (tanto a nivel general como por departamentos) y considerando en gran medida factores externos a la organización mediante el apoyo en herramientas **PEST** o PESTEL*.

*<u>Observación</u>. Punto relevante ya que ha obligado a las empresas y sus Sistemas de Calidad a "mirar" fuera de sus límites como entidad, considerando su entorno, evolución del mercado, etc.

Evolución de Procesos

Se trata del apartado más conocido ya que desde la versión del año 2000, los sistemas de calidad se han diseñado y organizados por procesos, asociando a la mayor parte de los mismos indicadores de referencia que nos informan de la evolución de las diversas actividades o departamentos que conforman la empresa. Debido a este histórico, su integración en el análisis de riesgos ha sido un aspecto más sencillo.

Estos tres factores conforman los elementos de entrada en el análisis de riesgos que se suele llevar a cabo, efectuándose, generalmente, durante la realización de la Revisión del Sistema como paso preliminar al marcaje de objetivos y mejoras del Sistema, generalmente para el siguiente periodo anual.

Por supuesto el propio análisis de riesgos y oportunidades se suele efectuar siguiendo una metodología de evaluación de cada elemento a revisar, mediante la valoración de la **probabilidad** de su ocurrencia y el correspondiente **impacto** que puede conllevar en la organización. Esta puntuación suele plantearse en tres niveles (bajo, medio y alto) y el resultado generalmente se recoge en una matriz de 3x3 en la cual y, dependiendo de la puntuación final recogida, suelen delimitarse tres tipos de actuaciones "a priori"; a saber:

- <u>Valoraciones elevadas</u>. Para estas puntuaciones la organización suele plantear actuaciones en el año siguiente (generalmente en un plazo de 3 a 6 meses) para reducir el riesgo o aprovechar las oportunidades referidas.

- <u>Valoraciones medias</u>. En este caso se suelen plantear acciones a más largo plazo (entre 6 meses y 1 año) o medidas más "suaves" de control, incluso puede llegar a asumirse el riesgo por parte de la empresa. En el "escalado" de actuaciones para el siguiente año quedarían "detrás" en el tiempo que las actuaciones con valoración elevada.

- **Valoraciones bajas.** Generalmente las organizaciones no suelen adoptar ninguna actuación para este tipo de "entradas" asumiendo el riesgo o no considerando relevante la oportunidad referida.

Hay que tener en cuenta que este planteamiento, como cualquier otro que pueda marcarse, debe permitir cierta flexibilidad pues por un lado podrían determinarse requisitos que la entidad no considera como riesgos u oportunidades, por lo cual generalmente se listan pero no se analizan y por otro lado pueden recogerse resultados de valoración alta/media cuyas actuaciones sean incompatibles entre sí*, por ello la Dirección deberá decidirse por una de las opciones.

Nota*. *Como ejemplo podríamos tener como resultado, la opción de diversificar el negocio frente a la de focalizar el mismo en una sola línea de trabajo.*

Como último paso, tras el análisis llevado a cabo, la empresa (*especialmente su Dirección*) determinará, vía objetivos o mejoras, las actuaciones programadas, generalmente, en su siguiente periodo anual, que configurará la **estrategia** del Sistema de Gestión en el futuro cercano de la organización.

El seguimiento y control tanto del programa de objetivos y mejoras como de los elementos analizados vía riesgos y oportunidades, se efectúa periódicamente (*generalmente de un modo trimestral o cuatrimestral*) por las empresas dentro de su Sistema de Gestión de Calidad, de modo que todo el proceso pueda ser actualizado según nuevas necesidades*.

Observación*. *En relación a este punto tuvimos, durante el año 2020, el triste ejemplo del Covid-19 que muchos consideraron un ejemplo de Cisne Negro, que llevó a muchas empresas a la adopción de medidas extraordinarias que afectaron a todos su procesos y recursos.*

El requisito de la gestión del riesgo en los actuales Sistemas de Gestión ha modificado toda la dinámica de planteamiento y **mejora continua** de la calidad. Las organizaciones han tenido que revisar sus mapas de procesos integrando este análisis en su secuencia, "abriendo" sus sistemas a consideraciones externas más allá del propio proceso. Desde mi punto de vista los actuales sistemas de calidad han "enlazado" poderosamente con la estrategia real de la organización.

"Un barco siempre está seguro en la orilla, pero no se construyó para permanecer ahí"
Albert Einstein, físico y científico alemán más influyente del siglo XX.

Control Documental

El control y la gestión de los documentos ha sido un apartado relevante de los Sistemas de Gestión de Calidad desde las primeras versiones de la norma 9001.

Los requisitos relativos a este punto han ido evolucionando y simplificándose con los años, siendo la informatización de gran parte de la documentación y registros del sistema el gran cambio que se ha producido en los últimos tiempos.

Históricamente la actual "*información documentada*" se ha dividido en documentos del sistema y registros. Los **documentos** abarcan todo el conjunto de procedimientos, manuales e instrucciones, donde la empresa define sus procesos y metodología del trabajo. También se incluye en este punto el conjunto de normativa o legislación emitida por entidades externas a la empresa pero aplicable a su dinámica operacional.

Por su parte los **registros** representan la "aplicación práctica" del Sistema de Gestión, recogiendo todos aquellos formatos donde se "va dejando" constancia del día a día del trabajo y las tareas de la organización. En esta parte están, por ejemplo, los registros de pedido a proveedores, las encuestas a clientes, registros de no conformidades, los formatos de acción, etc., y al igual que en el apartado de documentos también se deben considerar los formatos externos a nuestra entidad que son parte de su sistema, tales como albaranes de compras, registros de calibración, etc*.

Nota*. Los más "viejos" del lugar recordarán la famosa distribución entre documentos, registros y "datos" que tantas "alegrías" nos dió a los **consultores** en las auditorías llevadas a cabo a finales del siglo pasado y principios del presente.

Más allá de los requisitos marcados por la versión de 2015 el control documental debe ser apropiado a los **recursos** y dinámica de trabajo de la organización.

La sistemática seguida debe garantizar la **identificación** inequívoca de cualquiera de los documentos y registros editados, así como de sus respectivas ediciones o versiones. Además siempre ha sido recomendable la existencia de un Listado o Registro de documentación en vigor de modo que se garantice la ordenación de los mismos.

Lógicamente el sistema debe garantizar el **acceso** (y *conocimiento**) a la documentación por los cargos a los que le son de aplicación. Antiguamente este punto se garantizaba por la edición de las copias necesarias del documento en cuestión y su entrega en los "puntos de uso". En la actualidad y gracias a la informatización de los sistemas, el acceso se efectúa de un modo informático, con la consiguiente rapidez y ahorro de papel.

**Observación*. Este aspecto entraría dentro de las políticas de formación y participación de los miembros de la empresa, así como de la sistemática de comunicación de cambios existente.*

Históricamente la "propiedad" de la documentación de los Sistemas de Gestión de Calidad ha correspondido al área de Calidad (*Responsable o Dirección*), actualmente su gestión se sigue manteniendo (*por un tema organizativo*) en dicha área, pero la propiedad de los documentos ha pasado a cada una de las áreas o procesos de los sistemas que le son de aplicación y cuya participación se "ha incrementado" en la sistemática de generación y revisión de los documentos correspondientes*.

*Nota. En organizaciones de tipo medio se suele mantener la sistemática de tres firmas documentales: la de edición que generalmente corresponde al Responsable de Área o departamento, la de revisión por parte de la Dirección de Calidad y la de aprobación que generalmente se reserva a la propia Dirección de la empresa.

Actualmente la edición o revisión de los documentos suele conllevar la realización de reuniones para determinar cómo debe quedar la nueva edición. La versión final suele comunicarse por parte del área de Calidad, generalmente vía informática.

El apartado de control de las versiones obsoletas o anuladas también se ha simplificado enormemente como consecuencia de la generación de la carpeta "informática" de anulados.

Sin embargo y aunque toda la **informatización** vivida ha supuesto un "salto adelante" en los Sistemas de Gestión de Calidad y su control documental, así como una mayor eficiencia en este proceso, también ha conllevado a la necesidad de adaptación de las medidas informáticas en relación a la creación y gestión de copias de seguridad, así como a la adopción de políticas de protección informática de modo que se eviten pérdidas de información*.

Nota*. Este proceso ha supuesto, a no pocas empresas, "sustos" por pérdidas de información como averías, ataques de virus, etc.

También se han flexibilizado los tiempos de archivo de los documentos, manteniéndose en muchos casos los tres años famosos (*ampliados a cinco para soporte informático*) de archivo y siendo más elevados para la información documentada de carácter legal.

Por último y desde mi punto de vista la redacción de los documentos se ha vuelto menos técnica y más práctica. Los procedimientos e instrucciones se diseñan para que tengan un carácter más formativo de modo que su empleo se "ha flexibilizado" y ampliado. Esto unido a la mayor participación del personal en su generación y a toda la dinámica de informatización vivida, ha sido el verdadero cambio en la gestión de la información documentada de los Sistemas de Gestión de Calidad.

"El auténtico genio consiste en la capacidad para evaluar información incierta, aleatoria y contradictoria."
Winston Churchill, político y estadista británico (s. XX)

La Evolución de la Gestión de Proveedores

Considerados como una *parte interesada* de relevancia dentro de los Sistemas de Gestión de Calidad actuales, el control de los proveedores, de cualquier organización, se ha convertido en una pieza clave en la gestión de la entidad.

Debemos tener en cuenta que ya desde las primeras versiones de la norma 9001, basadas en el *aseguramiento de la calidad*, el apartado de proveedores se ha considerado relevante quedando incluido generalmente detrás del proceso de contratos y de un modo previo a la prestación del servicio. Debe recordarse que el control de proveedores, en la norma de referencia, es anterior a la consideración de los clientes en los Sistemas de Gestión de Calidad bajo parámetros UNE pues estos "entraron" en juego con la versión del año 2000 junto con el enfoque basado en procesos.

El tener en cuenta a los proveedores desde las primeras versiones de la norma de calidad, viene condicionado porque éstas estaban más enfocadas a empresas de fabricación y la correcta gestión y control de las materias primas era una parte relevante de todo el proceso de producción, *de un modo básico si fallaba el flujo de materia prima, como poco, quedaba resentido el proceso de fabricación/producción*.

Actualmente y en líneas generales las empresas suelen dividir sus proveedores en tres grandes grupos teniendo en cuenta la "aportación" del proveedor al sistema de trabajo y organización:

- **Proveedores de materias primas**, los cuales continúan siendo relevantes, especialmente en las empresas de producción así como en instaladoras o suministradoras. En este caso la estrecha relación de la entidad con sus proveedores es vital para mantener la producción y la correcta gestión en la *cadena de suministro*, de modo que se puedan controlar adecuadamente los pedidos de clientes dentro de los plazos marcados. En producción la calidad y los estándares mínimos de los productos adquiridos tienen su importancia, siendo las revisiones y controles de la materia prima de entrada uno de los controles más definidos en los Sistemas de Gestión de la Calidad de este tipo de organizaciones.

- **Subcontratistas**, entendidos como proveedores de la organización que llevan a cabo alguna de las actividades de nuestra prestación del servicio, bien sea de un modo puntual (*realización de ciertos trabajos*) o a los cuales se ha derivado la gestión de alguna parte del proceso de trabajo. En este punto empresas de transporte o distribución son dos ejemplos reseñables. Este tipo de proveedores suele analizarse en los Sistemas de Calidad dentro del proceso de prestación del servicio, al influir directamente en la "cadena de trabajo" de la entidad.

- **Empresas de servicio y/o colaboradores**. Dentro de este punto estamos los **consultores**, entidades de formación, empresas de mantenimiento de equipos y sistemas, prevención de riesgos laborales, marketing, desarrollo web, etc. Este tipo de organizaciones quedamos incluidos dentro de los procesos de apoyo de la organización.

En pleno siglo XXI y con la estructuración de las empresas cada vez más como **organizaciones tipo trébol**, donde el núcleo operativo de la entidad se enfoca en el trabajo que supone su corazón del negocio y donde se deja a los colaboradores el desarrollo del trabajo en cada vez más procesos de apoyo.

La gestión de proveedores se ha convertido en una pieza vital en la estrategia empresarial demandando por parte de las organizaciones una mayor supervisión y control de las actuaciones de sus proveedores de cara a prestar un buen servicio a sus clientes.

En los Sistemas de Gestión actuales su control comienza con la consideración por parte de la organización como parte interesada, teniéndose que efectuar un análisis de sus requisitos, de modo que puedan ser considerados en el Sistema de Gestión. Por otro lado y dentro de la operativa los sistemas actuales de calidad se mantiene la dinámica de control de las operaciones de proveedores (*tan variadas como los tipos de proveedores y colaboradores de la organización*): pedidos, subcontrataciones, entregas, etc., así como las dinámicas de evaluación inicial y proceso de reevaluación periódica de los mismos, los cuales ya no son únicamente postestad del área de compras, ya que prácticamente todos los departamentos de la organización cuentan con proveedores relevantes que deben controlar y evaluar periódicamente.

Debe tenerse en cuenta que, en relación al control de proveedores, dentro de los requisitos de la versión de la norma ISO de 2015, los proveedores deben estar informados de nuestra metodología de reevaluación y seguimiento para con ellos. Por otro lado, muchas organizaciones mantienen dentro de su metodología de control la realización de auditorías a sus proveedores relevantes, con el fin de controlar su metodología de trabajo como parte de su proceso de reevaluación valorando sus debilidades y fortalezas.

En definitiva, la gestión de proveedores siempre ha sido una parte fundamental de la gestión de cualquier entidad.

Sin embargo, y como consecuencia de la evolución de la estructura empresarial en los últimos años y la **externalización** de muchas de sus actividades de apoyo, la integración de los trabajos y servicios de proveedores en los procesos de la organización se ha convertido en un elemento vital para el buen desarrollo del trabajo de cara a sus clientes, con el fin de integrar sus conocimientos y recursos en la estrategia de la organización.

"La mayoría de los problemas de comunicación pueden resolverse con proximidad"
John C. Maxwell, escritor y conferencista estadounidense especializado en liderazgo.

La Gestión de los Recursos Humanos

El apartado formativo y gestión de personal ha evolucionado de un modo vertiginoso en las últimas versiones de los Sistemas de Gestión de Calidad. Desde el único control de la formación impartida, hasta la obligación de determinar claramente las responsabilidades dentro del Sistema de los diferentes "componentes" de la organización; este requisito "ha desembocado" en la necesidad de gestionar las competencias y capacitaciones necesarias de nuestros recursos humanos como factor estratégico de cualquier organización.

Situado dentro de los llamados "procesos de apoyo" *la gestión de los recursos humanos* en las empresas dentro de los Sistemas de Gestión de Calidad ha sido considerado frecuentemente un punto "lateral" de los propios sistemas (*así como de las propias organizaciones*). Sin embargo, en los últimos años su gestión y su consideración como factor fundamental dentro de las empresas, ha cobrado especial relevancia, considerándose su correcta capacitación como uno de los pilares principales de cualquier **estrategia empresarial**.

Las empresas parece que han vuelto la vista hacia la necesidad de la gestión correcta de su principal activo: la **capacitación** de sus trabajadores; por otro lado los Sistemas de Gestión de Calidad han comenzado a considerar, desde su versión de 2015, este requisito para su control haciendo hincapié en la necesidad de la adecuación de los currículos de los trabajadores a los perfiles de puestos correspondientes y la necesidad de "cubrirlos" satisfactoriamente.

Debe reseñarse que esta necesidad ya estaba "implícita" en los Sistemas de Gestión de Calidad, pues los propios procesos "descansan" en el personal que los realiza. Sus procedimientos y documentación de trabajo demandan marcar los responsables en cada actuación definida.

Desde mi punto de vista varios han sido los factores que han modificado la "percepción" en la gestión de los recursos humanos en las organizaciones:

- La entrada como requisito del Sistema de Gestión de la necesidad de consideración de nuestro personal como **parte interesada**, que ha conllevado a una mayor atención de los cargos directivos a lod deseos y expectativas de sus trabajadores, así como a un "empuje" en la dinámicas de valoración de personal en los últimos años.

- La mayor valoración de la autonomía y desarrollo profesional de los trabajadores por parte de la alta Dirección, junto con el diseño de organizaciones más planas y **horizontales**, han reducido enormemente el número de estamentos y niveles consiguiendo un flujo de información más ágil.

- La "entrada" en la **estructura** de las organizaciones de personal externo, tales como nosotros los **consultores**, con un elevado grado de autonomía y cuyo trabajo "navega" a través de varios departamentos y niveles de la entidad, conlleva la necesidad de que las empresas se hayan adaptado a nuestros ritmos de trabajo.

- Los trabajos y proyectos efectuados desde la propia sistemática de los Sistemas de Calidad han generado grupos de trabajo transversales, con objeto de resolver desviaciones o conseguir mejoras y objetivos (*tipo Círculos de Calidad*). También se h implementado la necesidad de reuniones periódicas de los Sistemas de Gestión para comprobar la evolución de los datos que se van recogiendo y donde se demanda la participación de cargos responsables.

- Los múltiples **"puntos de contacto"** que las empresas actuales tienen con sus clientes: comercial, prestación de servicio, administración, etc. y que precisan de una mayor coordinación entre el personal y los departamentos con el fin de garantizar la realización de su mejor servicio.

- La propia toma de conciencia de su potencial por los propios trabajadores que se traslada en la necesidad de asumir retos y responsabilidades dentro de las organizaciones, mejorando continuamente su propio currículo vital y en muchos casos a siendo "críticos" con el desarrollo de los propios procesos de las empresas.

Debemos tener en cuenta que en pleno siglo XXI cualquier organización maneja un elevado grado de **información**. Su gestión genera un conocimiento tácito que debe ser organizado y "sacado a la luz" como fuente de **ventaja competitiva**. La fuerza presente de cualquier empresa reside en un alto porcentaje en "la efectividad" de sus recursos humanos, estando muy ligada a su formación y capacitación. En este punto el acceso a la información y su puesta en común para todos los integrantes de la organización juegan una baza importante, donde los modernos sistemas de gestión de información garantizan un conocimiento elevado de la situación de los trabajos de la empresa, datos de clientes, evolución de compras, etc., y los Sistemas de Gestión de Calidad "juegan un papel" importante en la organización ("*y trasvase*") de todo este conocimiento.

Dentro de los Sistemas de Gestión de Calidad la gestión de los recursos humanos como elemento de apoyo siempre ha estado presente, desde la necesidad de su participación en la consecución de los **objetivos** y metas planteadas (*necesidad de recursos*) hasta el requisito de delimitar un correcto programa formativo, que debe enlazar con las propias necesidades de la organización. Tampoco debemos olvidar la obligación de "intervenir" por parte de los cargos con responsabilidad en las Revisiones del Sistema y reuniones de calidad.

El conocimiento que "atesora" nuestro personal y colaboradores se ha convertido en los últimos años en la más importante (*sino en la única*) fuente de éxito que debe ser gestionada mediante un **liderazgo** adecuado. Nuestra capacidad como empresa radica en el grado de competencia de nuestro personal, así como en la interrelación y puesta en común de sus conocimientos en beneficio de la organización. Su correcta "gestión" se convierte de este modo en el pilar necesario para la implementación de cualquier estrategia.

"El único valor vital que una empresa tiene es la experiencia, habilidades, innovación y conocimientos de sus empleados."
Leif Edvinsson, profesor, consultor organizacional sueco.

La Gestión de la Infraestructura

Considerado como uno de los procesos de apoyo relevantes en las organizaciones, la gestión de equipos e infraestructura se trata de un pilar fundamental para el desarrollo correcto de cualquier *estrategia* empresarial.

Dentro de la gestión de recursos de la organización junto con procesos tan relevantes como los recursos humanos y la gestión de compras y proveedores, el control de la infraestructura forma parte importante de los sistemas de gestión de calidad desde sus orígenes y se encuentra directamente ligado a la consecución de los *objetivos* de cualquier organización.

Su gestión y control varía dependiendo de cada tipo de empresa, la cual prioriza sus equipos en función de si se trata de una organización de servicios o una entidad de producción. Generalmente estas últimas demandan una fuerte gestión de su maquinaria de fábrica con unos planes de revisiones muy detallados y prestando mucha atención a la capacidad de producción de sus equipos, así como a la necesaria capacitación de sus empleados. En gran medida muchas de las actuaciones preventivas las llevan a cabo **colaboradores externos** integrados dentro del proceso de trabajo de la propia empresa y que se convierten, de este modo, en una parte interesada muy relevante de la entidad. Por otro lado, las empresas de servicios focalizan su atención en dos grandes grupos de infraestructura: sus vehículos y elementos de transporte y por otro lado sus equipos informáticos garantizando una correcta gestión del trato con el cliente.

Lógicamente todo ha ido evolucionando en los últimos años y la infraestructura informática ha ido "ganando terreno" demandando una mayor atención por parte de las organizaciones, tanto a sus equipos como al conjunto de **aplicaciones informáticas** empleadas, así como la vinculación entre ellas.

La gestión de copias de seguridad, trabajo en la nube, gestión de páginas web, etc., son puntos que han cobrado especial relevancia desde principios del siglo XXI, entrando de lleno en aspectos del control documental y de información necesarios.

También debe considerarse el control del conjunto de equipos auxiliares de las propias instalaciones, tales como los sistemas de protección contra incendios, sistemas de climatización, etc., en la mayoría de los casos, su mantenimiento viene condicionado por la necesidad de aplicación de **requisitos normativos** y legales.

Particularmente y desde el punto de vista de su gestión, el control de los equipos de una empresa demanda su ajuste a las necesidades de la organización. Este punto es vital para el desarrollo de estrategias empresariales, de modo que la entidad tenga los "recursos" necesarios para alcanzar los objetivos requeridos. La consecución de éstos y de las correspondientes líneas de mejora, vienen muy condicionados a tener el conjunto de equipos precisos que "respondan" a las actuaciones a llevar a cabo.

Como segundo punto a tener en cuenta, la práctica totalidad de las organizaciones, independientemente de su tamaño y sector, tienen planteados programas de mantenimientos preventivos de su infraestructura ejecutados de un modo "mixto", tanto por personal interno (*especialmente en relación a las pautas diarias de uso de los equipos*) como por personal externo (*relacionados más con mantenimientos periódicos y calibraciones de ciertos equipos, aspectos que suponen no pocos dolores de cabeza en las **Auditorías de Calidad***). Reseñarse que en relación a este punto también muchas entidades desarrollan los llamados planes de renovación, donde se considera la "vida útil" de cada equipo relevante y se programa su actualización o cambio en el tiempo de un modo organizado.

Como tercer aspecto tenemos que considerar el control y gestión de las averías o incidencias que se pueden producir en relación con nuestros equipos de trabajo. Su control y estudio se ha convertido en muchas organizaciones en un requisito interno muy relevante de cara al análisis de los motivos de dichas averías, con objeto de adoptar actuaciones a medio plazo para evitar su reproducción. En no pocas empresas el estudio de este punto sigue la misma dinámica que la gestión de no conformidades.

Uno de los principales "problemas" a los cuales nos enfrentamos los **consultores** en nuestro trabajo de implementaciones y mejoras de Sistemas de Calidad es la determinación de los responsables de los diversos equipos de las empresas. De este modo, generalmente, la zona de fabricación se encuentra bajo el "poder" de la Dirección o Responsable de Producción y suele ser un área relativamente sencilla de analizar. Por su parte, el conjunto de vehículos de la entidad suele "caer bajo el paraguas" del área de administración, siendo su control, generalmente, bastante laxo. Por último, el tema informático suele carecer de "director de orquesta" siendo a lo sumo la propia Dirección o el área de Calidad los garantes, al final, del control de estos aspectos.

En resumen, la gestión correcta de la infraestructura de una empresa se ha convertido en una herramienta estratégica relevante en los últimos años. La irrupción de los sistemas informáticos y la necesidad de controlar la información de la organización, unido a la siempre presente obligación de **gestionar con eficacia** nuestros **recursos**, están obligando a las empresas a tener más presente en sus decisiones este proceso del Sistema. La irrupción imparable del "mundo digital" es una buena muestra de ello.

"Cuanto más hacemos, más podemos hacer."
William Hazlitt, escritor y crítico literario inglés. Siglos XVIII y XIX.

Etapa 3. Verificar (Check)

El Concepto de la "Fábrica Fantasma" en Calidad

El término fue acuñado por Armad V. Feigenbaum para hacer referencia a las desviaciones que disminuían la **capacidad de producción** de un empresa, como consecuencia del derroche de los recursos de la misma.

Feigenbaum es conocido por ser el primero en introducir el concepto de "Control de Calidad Total" delimitando que dicho concepto debía hacer partícipe a toda la organización y ser tenido en cuenta como una herramienta estratégica, todo ello considerando que la base de la gestión de la calidad se encuentra en las relaciones humanas*.

Nota*. Se huye del concepto de inspectores de calidad (tipo fuerza policial) y se instaura el de mediadores o facilitadores a modo de consultoría interna.

El control de la calidad total implica, según Feigenbaum:

- El control de los **nuevos diseños**, integrando en los mismos la garantía de que las necesidades y deseos del cliente son tenidas en cuenta en el producto a fabricar o en el servicio a prestar.

- El control de las **compras**, haciendo hincapié en la necesaria calidad del servicio o productos suministrados por nuestros proveedores (*se espera calidad, no se desea*).

- El control del **producto** o **servicio** que garantice que su fabricación o suministro cumpla con las condiciones diseñadas inicialmente y dentro de una sistemática de procesos, encontrándose su seguimiento mediante indicadores, bien definido en la empresa.

El concepto de fábrica fantasma u oculta integra el punto de costes en los Sistemas de Gestión de la Calidad** (*ampliando su concepto como herramienta de control, evaluación y optimización*) ya que la existencia de estos fallos conlleva la **repetición de trabajos** como consecuencia de no hacer las cosas adecuadamente (*bien por falta de correcto diseño, por fallos de los materiales o por problemas de producción o errores en la prestación del servicio*). Los beneficios de la implementación de los sistemas de calidad conllevan el mejoramiento del diseño y la calidad del producto o servicio, la reducción de costes operativos y pérdidas ("*desperdicios*"), el acercamiento al "cero defectos", la elevación de la motivación de los trabajadores y el descenso de problemas en la producción o servicio.

Nota**. *Juran, uno de los más ilustres gurús en este campo, llegó a afirmar que en cualquier empresa que no se hubiesen efectuado estudios sobre los costes de calidad se podía asegurar que las pérdidas por este concepto podrían suponer en torno al 20 % de la facturación.*

Se considera que la eliminación o la fuerte reducción de esta "fabrica oculta" y sus costes supone afrontar dos tareas: "robustecer" los procesos de trabajo (*parametrizando y analizando correctamente los mismos e intentando reducir su variablidad*) y declarar la guerra al despilfarro (*modelos como Kaizen, 5s o Lean, van en esta línea*). La **eficiencia empresarial** se convierte en el "caballo de batalla" de la organización.

Su visión sobre la calidad conllevó hacia el concepto de ciclo industrial, considerando el producto o servicio desde su concepción (*etapa de desarrollo*) hasta su entrega o prestación de servicio al cliente (*incluyendo el conjunto de actividades post-venta*) abarcando, por tanto, la totalidad de la Cadena de Valor del negocio. Para ello se consideran cuatro etapas:

1. Establecer los estándares de calidad de la entidad.

2. Evaluar la conformidad con dichos estándares.
3. Actuar cuando los estándares se sobrepasan.
4. Planificar para el mejoramiento en los estándares.

Su sistemática conlleva una visión tan relevante, que defendía que la calidad de un producto o servicio es tan importante como para que el personal deba tener autoridad para parar cualquier proceso al detectarse un error.

Su filosofía resume tres pasos hacia la calidad:

- **Liderazgo**. Se considera la administración en base a la planificación y no ante la reacción frente al error.

- **"Modernidad"** de la calidad. Conlleva la implicación de todo el personal en la resolución de desviaciones y aportación de soluciones en el Sistema de Gestión de Calidad.

- **Compromiso organizativo**. Se debe capacitar y formar continuamente a todo el personal (*fuerza de trabajo*) e integrar la gestión de la calidad en la planificación estratégica de la entidad.

Por otro lado se consideran los llamados cuatro pecados capitales de la calidad:

1. La llamada <u>Calidad de invernadero</u>. Un toque de atención a la Dirección en su relación con los programas de calidad que "aparcan" cuando se producen otras demandas "más urgentes", como la elevación si o si de la producción u otro tipo de novedades que acaparan su interés.

2. La *actitud anhelante*. En este caso, el aviso es para los gobiernos que no pueden "desplazar" las importaciones de productos más competitivos, ni tampoco ofrecer soluciones de carácter proteccionista, pues a medio plazo esta situación es insostenible (*además de cara*).

3. La *producción en el exterior*. Defiende que nuestra ventaja competitiva no existe si "otro" lucha nuestra "batalla por la calidad" (*buen ejemplo de la externalización de servicios "vitales" para las empresas, es decir directamente relacionados con su línea de trabajo*).

4. La *confinación de la calidad a la fábrica*. La consideración de que la calidad únicamente es responsabilidad del área de producción o servicio, ofrece una visión muy pobre y poco competitiva al tratarse de una responsabilidad de toda la entidad.

La fuerza de Feigenbaum supone la integración del **concepto de calidad** en toda la organización y en las sucesivas etapas del producto o servicio y la consideración de la misma como una herramienta potente de gestión de gran trascendencia para la supervivencia y mejora progresiva de la empresa, mediante su enfoque total hacia las necesidades del cliente. El método es bastante sencillo y resume metodologías que se están aplicando actualmente en modelos de calidad (ISO 9001, EFQM, Lean, etc.).

"La clave está en reconocer que la calidad es lo que el cliente, no la compañía, dice que es."
Armad V. Feigenbaum. Empresario estadounidense y experto en control de calidad.

La Gestión de las No Conformidades

La resolución de las no conformidades o desviaciones constituye una parte importante en el desarrollo los **Sistemas de Gestión de Calidad** y su correcto análisis es un requisito ineludible tanto para la **mejora continua** de dicho sistema como para el desarrollo de cualquier **estrategia** empresarial por parte de la organización.

Considerando la propia definición de no conformidad como "el incumplimiento de un requisito", cualquier actuación que vaya en contra de lo definido en nuestro Sistema de Gestión y de los puntos acordados con nuestros clientes o de los apartados correspondiente de la norma 9001 se entiende como **desviación***.

<u>Nota*</u>. *Este término lo empleamos los "más viejos del lugar" como consecuencia de su amplia difusión allá a finales de los años 90 y principios del actual siglo XXI. Es una herencia del trabajo de auditoría que consideraba las no conformidades "encontradas" como "desviaciones". Con los años, generalmente, los consultores hemos considerado desviación a cualquier incidencia, bien sea no conformidad o reclamación de cliente.*

De un modo básico las incidencias o desviaciones se pueden agrupar en dos categorías principales: **no conformidades** y **reclamaciones**. Las primeras presentan un carácter interno a la organización y se encuentran relacionados con fallos o errores en relación a los diversos **procesos** internos de la entidad*. Por su parte las reclamaciones suponen quejas relativas a un servicio prestado o un producto adquirido (*o pendiente de adquirir*) donde nuestra empresa no ha cumplido con las especificaciones acordadas con el cliente.

Nota*. Debe tenerse en cuenta que el diseño documental del Sistema de Gestión de Calidad de la organización es el primer punto para evitar desviaciones. La procedimentación de los procesos y actividades que conforman el trabajo desarrollado por la empresa, determina las líneas maestras de uniformidad que los componentes de la organización deben seguir en sus actuaciones. Como consecuencia un buen sistema documental, adaptado a la realidad de la empresa, es el primer requisito para evitar no conformidades y reclamaciones.

Debe reseñarse que en los actuales Sistemas de Gestión de Calidad su modo de tratamiento y gestión es similar, ya que en ambos casos se debe investigar la **causa** de la desviación y en relación a ésta adoptar las actuaciones correspondientes para resolver el problema. En la mayoría de las entidades el seguimiento de la actuación "se alarga" de tal modo que se verifique en el tiempo que la incidencia no se vuelve a reproducir. En muchas ocasiones la adopción de actuaciones se efectúa de manera "doble" ya que inicialmente se adopta por parte de la entidad una **acción correctiva** inmediata que garantice la resolución en un breve espacio de tiempo de la incidencia de un forma aislado (*por ejemplo ante una reclamación en relación a un producto: retirar el defectuoso y entregar el correcto en el menor espacio de tiempo posible*) y una **actuación a medio/largo plazo** que "incida" en la resolución de la causa del problema detectado (*en el ejemplo anterior el problema podría venir provocado por el mal funcionamiento de un equipo que sería el motivo a corregir en última instancia*).

Lógicamente el punto básico del análisis de desviaciones se basa en la detección de la causa de las mismas siguiendo en la mayoría de las ocasiones el llamado **Diagrama de Ishikawa** (*una de las siete herramientas de la calidad*) y cuya aplicación suele tener en cuenta como "factores" las llamadas **6M´s**: mano de obra (recursos humanos), materiales (productos), métodos (procedimientos), medio ambiente (entorno de trabajo), mantenimiento (infraestructura: preventivo) y maquinaria (infraestructura: uso y manejo).

Generalmente la "raíz" de cualquier desviación vendrá como consecuencia de la relevancia de uno o varios de los factores correspondientes, cuya disposición adopta la forma de una espina de pescado lo que da origen a esta herramienta.

En otra línea las desviaciones suelen catalogarse* teniendo en cuenta su relevancia en la organización, ya que no todas los errores tienen el mismo "peso" en el Sistema de Gestión, ni afectan de igual modo al desarrollo de los trabajos de la empresa así como al cumplimiento de sus objetivos estratégicos. En esta línea las empresas suelen marcan, por norma general tres niveles o grados de errores: **incidentes o desviaciones leves** que se consideran de poca importancia y que generalmente quedan resueltos mediante la aplicación de actuaciones correctivas inmediatas sin necesidad de seguimiento posterior; **no conformidades de carácter medio** que abarcan errores o reclamaciones sin excesiva relevancia y que generalmente son de tipo puntual y que suelen abarcar únicamente a un departamento de la organización (*pese a que en muchas ocasiones sus "ramificaciones" incidan en otras áreas*), aunque en este punto ya se efectúa un análisis más exhaustivo de causas y una determinación de actuaciones más detallada. Por último estarían las **no conformidades o reclamaciones de carácter grave** entendidas como aquellas que suponen un incumplimiento serio de los requisitos (*tanto internos del sistema como pactados con nuestros clientes*) y que suelen conllevar la apertura inmediata de una Acción Correctiva**.

Nota*. *Esta sistemática lógicamente puede variar en función del tipo de empresa, consultor, organigrama, recursos, deseo de la dirección, etc. La "catalogación" expuesta se basa en mi experiencia de los últimos 20 años en distintas empresas y tipos de clientes.*

<u>Observación</u>**. *Una aclaración en relación a esta afirmación. Aunque la norma "obliga" a la adopción de acciones para la resolución de cualquier no conformidad, estas actuaciones de resolución quedan recogidas, generalmente junto con la resolución de la incidencia (en las de carácter leve) o en el propio registro de no conformidades (en las de carácter medio). Sin embargo, y generalmente, las organizaciones suelen reservar su registro de acción correctiva para la resolución de las no conformidades de carácter grave. Es más, en la mayoría de las empresas las incidencias únicamente quedan incluidas en el correspondiente registro de trabajo no existiendo listado de las mismas.*

También debe considerarse que en el caso particular de las reclamaciones, las organizaciones suelen proceder a "calificarlas" en dos categorías principales: las **procedentes** que abarcan aquellas que tras su primer análisis, el motivo principal es un error de nuestra empresa y las **no procedentes** que implican el conjunto de reclamaciones donde el cliente no tiene la razón. Lógicamente ambos tipos deben tratarse en la dinámica del sistema de calidad de la empresa al tenerse en cuenta el "enfoque al cliente" como uno de los principios básicos de la calidad.

Una mención especial a las Acciones Correctivas, su apertura suele conllevar un análisis más detallado de la no conformidad o reclamación registrada (*en muchas ocasiones su ejecución viene determinada por la acumulación de desviaciones leves repetitivas*) así como la intervención en su resolución de más de un área de la organización y la autorización y planificación de su resolución por parte de la dirección o de algún cargo con responsabilidad en la entidad. En no pocas ocasiones las acciones correctivas conllevan un replanteamiento de algún proceso, reevaluación de nuevos proveedores o modificaciones en la infraestructura de la organización.

Bajo los parámetros de la versión de 2015 el tratamiento de las no conformidades queda dentro del apartado de Mejora de la norma. Dicho planteamiento tiene su sentido entendiéndose que el análisis periódico de las desviaciones (*y en especial de sus motivos y causas*) ofrece una información vital para las actuaciones de mejora que se van planteando en la organización, así como en el enfoque de los "esfuerzos" de la organización en ciertas áreas o procesos de la entidad. Además y teniendo en cuenta el planteamiento del enfoque basado en riesgos su evolución "entra de lleno" en el correspondiente **análisis de riesgos** que efectúa periódicamente la organización.

Como último punto y considerando la integración en los últimos años de los Sistemas de Calidad en la estrategia y gestión real de las organizaciones, se ha comenzado a efectuar en la mayoría éstas una valoración del **coste de las desviaciones** o incidencias (*el llamado coste de la no calidad*) que se van registrando, determinando su control como uno de los principales indicadores del propio Sistema de Gestión. Este tipo de actuaciones va más allá de los requisitos impuestos por la norma 9001 pero su integración igual que la de ciertos parámetros económicos y financieros de la organización, se ha hecho indispensable para la interrelación satisfactoria de la calidad con el **management** empresarial.

"La calidad no cuesta. No es un regalo, pero es gratuita. Lo que cuesta dinero son las cosas que no tienen calidad: todas las acciones que resultan de no hacer bien las cosas a la primera vez."
Philip B. Crosby, empresario norteamericano y consultor de calidad.

Los Principios de Auditoría

La realización de auditorías forma parte del proceso de mejora en los Sistemas de Gestión actuales y su resultado constituye uno de los puntos relevantes que es analizado por la organización. En nuestro trabajo como consultores, dedicándonos a la asesoría de empresas, hemos estado a ambos lados de la línea, una veces (*la mayor parte*) apoyando la gestión de nuestros clientes frente al equipo auditor y otras veces llevando a cabo auditorías a entidades de compañeros, colaboradores o clientes.

Es bastante conocida la secuencia de planificación, ejecución y redacción del informe correspondiente, así como su exposición al cliente relativa a las auditorías, sin embargo con el paso del tiempo muchos olvidamos los principios que "rigen" su correcta realización y que quedan recogidos en la norma ISO 19011 y cuyo objetivo último es mantener que la revisión llevada a cabo, sea una herramienta útil, fiable y eficaz dentro del proceso de **mejora continua** de las empresas.

Los principios que debe mantener cualquier auditoría son los siguientes:

Integridad

La revisión debe llevarse a cabo por auditores con competencia suficiente para su ejecución y que sean imparciales. Estos dos puntos son muy relevantes, pues por un lado el auditor debe conocer las normas o legislación de referencia sobre la cual "descansa" el desarrollo de la auditoría y por otro lado debe ser objetivo en relación al proceso que revisa.

Unido a este punto también se consideran los parámetros de ética, honestidad y responsabilidad. El trabajo desarrollado debe evitar "posibles sesgos" en las actuaciones.

Imparcialidad (Presentación)

Aspecto muy vinculado al principio anterior y que determina la necesidad de la objetividad en las conclusiones y el análisis que va desarrollando el equipo auditor. La información debe ser suministrada con veracidad y exactitud y debe ser oportuna, clara y lo más completa posible.

Dentro de este punto debe gestionarse y aclararse cualquier información que tenga carácter significativo en la auditoría.

Cuidado Profesional

El desarrollo de las auditorías debe efectuarse manteniendo el cuidado en su realización y siendo conscientes de la relevancia del trabajo que se desarrolla. Los juicios y las opiniones suministradas por el equipo auditor deben ser razonados y deben "reforzar", en todo momento, la confianza del cliente*.

Observación*. Este punto ha generado en más de una ocasión problemas entre consultores y auditores, por un lado, como consecuencia de la "invasión" de competencias, así como de la existencia de "cierto" desconocimiento de la filosofía y cultura empresarial por parte del equipo auditor y por otro lado debido a de que en un espacio de tiempo corto, no nos podemos "empapar" de la filosofía de trabajo de la organización.*

Confidencialidad

Aspecto que siempre ha sido muy importante, pero que en los últimos años ha cobrado, si cabe, una mayor importancia, como resultado de la evolución de las políticas de protección de datos.

Las auditorías se corresponden con un manejo de información del cliente y en muchas ocasiones, ésta va más allá de la propia documentación de los Sistemas de Gestión: datos de facturación, información confidencial, etc., por lo cual la discreción y la protección de dichos datos debe ser una constante por parte de los auditores.

El interés del auditado está por encima de cualquier consideración y en especial del beneficio privado del auditor.

Independencia

Se debe evitar la influencia de actores externos (*cliente*) en el desarrollo y en la presentación de las conclusiones de la auditoría. El equipo auditor debe tener base suficiente para asegurar su imparcialidad en el proceso de auditoría.

Debe garantizarse que el trabajo se desarrolla sin influencias y de forma independiente, evitando cualquier tipo de sesgo. La recomendación básica es que un auditor no debe revisar su propio trabajo, admitiéndose en organizaciones "pequeñas" que al menos no desarrolle tareas en el área auditada*.

Nota*. Una mayor salvaguarda es la realización de las auditorías por parte de una entidad externa, ahí es donde entramos los consultores/auditores/formadores garantizando la imparcialidad. En este caso el consultor lógicamente no puede ser auditor.

Enfoque basado en la Evidencia

Basado en la filosofía de trabajo de que se debe mantener un método racional para llegar a conclusiones, durante la realización de la auditoría, que sean fiables y reproducibles. De este modo el proceso de auditoría se convierte en sistemático.

Es requisito que las evidencias de la auditoría serán revisables, verificables y fundamentadas en información disponible durante la realización de la revisión. Debe recordarse que la auditoría se centra en un espacio de tiempo concreto y ajustado, empleándose unos recursos limitados.

Muy importante en este punto es el manejo del muestreo de datos, de modo que se "refuerce" la confianza en el conjunto de la información analizada así como en las conclusiones expuestas en el informe final.

Enfoque basado en Riesgos

Gran novedad en los sistemas de los últimos años con la aprobación de la versión de 2015 de varias normas internaciones (*9001 y 14001*), así como con la revisión progresiva del resto.

En teoría este principio nos obliga a que focalicemos el análisis llevado a cabo en la auditoría en aquellos temas de mayor relevancia en la organización auditada, considerando las oportunidades y los riesgos que puedan observarse, sin embargo y a nivel práctico las auditorías basadas en normas de referencia deben abarcar la revisión de todos los puntos de la norma auditada. Su aplicación suele ser más "fácil" de efectuar durante el desarrollo de auditorías internas.

Centrados en los Sistemas de Calidad y como parte relevante del ciclo PDCA de Mejora Continua, las Auditorías constituyen una de las principales herramientas para "tomar el pulso" a un sistema de Gestión.

Su definición e integración de los procesos en la realidad de la organización, así como el grado de alineamiento de la calidad con la estrategia real de la empresa. Desde mi punto de vista "el último fichaje" permite programar y enfocar la "herramienta de auditoría", especialmente las revisiones internas, en los puntos más relevantes y con mayor poder de influencia en el cliente.

"¡Estudia!, no para saber una cosa más, sino para saberla mejor."
Séneca (Lucio Anneo), filósofo, político y orador romano de origen hispano (siglo I).

Los Indicadores o KPIs

Los indicadores se han convertido en los últimos años en una de las **herramientas** más potentes y necesarias para la gestión de las organizaciones. Desde su participación activa en los Cuadros de Mando hasta la necesidad de su aplicación para valorar y controlar la evolución de los diversos procesos de la empresa. De este modo el conocimiento y la gestión de indicadores (*o KPIs*) se ha convertido en una necesidad básica de cualquier directivo o responsable en las entidades.

Para los que nos dedicamos a la consultoría empresarial y en especial a temas de gestión de calidad y estrategia, la vinculación "directa" entre los procesos existentes en una organización y el planteamiento de los correspondientes indicadores que "definan" la propia "evolución" de la organización, se trata una relación directa, por lo que una correcta definición del correspondiente **"mapa de procesos"** de la organización, así como un buen desarrollo de los mismos, constituye la "puerta de entrada" correcta para la delimitación posterior de un "buen" cuadro de indicadores.

Otro aspecto a tener en cuenta, es la asociación de los indicadores con la dinámica de comprobación de la evolución y cumplimiento de los **objetivos empresariales**. Bajo el concepto actual de la planificación de objetivos siguiendo criterios SMART y la necesidad de que estos sean "medibles", la relación entre esta "medición" de objetivo y la delimitación de uno o varios indicadores de referencia asociados es directa.

De este modo y considerándose los indicadores "vinculados" tanto a los procesos de la empresa como a sus objetivos estratégicos y centrándonos en la filosofía de los actuales Sistemas de Gestión, el "verdadero" punto de partida del planteamiento (y revisión) de los indicadores de proceso se encuentra en el **análisis de riesgos y oportunidades**.

Efectuado periódicamente por la organización y que se suele "vincular" al cierre del año natural. De este modo en la programación y planteamiento de los indicadores se tiene en consideración la propia evolución de los procesos en el año precedente, la situación del contexto empresarial y los aspectos DAFO correspondientes, junto con la valoración y determinación del "peso" que cada aspecto pueda tener en la empresa a fecha de la realización de la Revisión del Sistema por la organización.

La definición más "clásica" de los indicadores es considerarlos como un conjunto de métricas o **valores de referencia** que se implementan en una organización con objeto de valorar y comprobar la evolución de sus procesos. Lógicamente los indicadores deben cumplir una serie de requisitos, tales como lógicamente ser _medibles_ con objeto de poder comprobar su evolución en el tiempo, ser "_viables_" por lo que su obtención no debería ser muy complicada, deben estar _adaptados en el tiempo_ de modo que se puedan ajustar los valores obtenidos, deben ser _específicos_ evitando generalidades y malentendidos y por último deben ser _relevantes_ siendo su información importante para la organización y apoyando la toma de decisiones posterior.

El planteamiento de indicadores de proceso está muy relacionado con aspectos tanto de la gestión por objetivos, como de la gestión por excepción. Para la primera opción, la necesidad de medir nuestros logros como organización se relaciona directamente con el buen planteamiento de un cuadro de indicadores. En relación a la gestión por excepción, la revisión periódica de los valores de referencia registrados a lo largo del tiempo por el sistema y el correspondiente marcaje de valores límite, "conceden" la posibilidad de "descartar" del análisis efectuado aquellos parámetros que se encuentren dentro de los límites establecidos y focalizar el trabajo en aquellos que reflejan incumplimientos.

Como **consultor** soy partidario de la vinculación de los "parámetros" de los Sistemas de Calidad con ciertos valores económicos, de modo que el Sistema de Gestión gane en "profundidad" en su análisis. Considerando que los recursos económicos de la organización delimitan en gran medida la capacidad de planteamiento y desarrollo de actuaciones por parte de la organización, parece ser una opción más que sensata. Además, la "asociación" de parámetros de procesos con valores económicos aporta mucha "profundidad" a los Sistemas de Gestión de Calidad y enriquece ambas "vertientes", de modo que la toma de decisiones "bebe" de una mayor relación de variables y reducen sus riesgos.

Por último, durante los últimos años los "cuadros de mando" se han ido "enriqueciendo" con el control de valores relacionados con aspectos ambientales significativos para la organización, datos provenientes de los sistemas de prevención y parámetros de los sistemas de seguridad de la información. De este modo, el grado de "control" se ha ido ampliando enormemente, convirtiendo la gestión de indicadores en un pilar de la **mejora continua** de las empresas.

La gestión de empresas actual lleva asociada una "escasez" de tiempo. Considerado como el "factor dorado" por cualquier directivo, cargo intermedio o consultor, el planteamiento y posterior control de las actividades de la empresa mediante un buen cuadro de indicadores se posiciona como un elemento vital en la optimización de este escaso recurso.

"Lo que no se mide, no se puede mejorar."
Lord Kelvin físico y matemático británico, siglo XIX

ETAPA 4. ACTUAR (ACT)

La Revisión del Sistema

Constituye uno de los puntos más importantes de los Sistemas de Gestión de la Calidad basados en la **Norma 9001**.

Recogido en el apartado 9 de la norma de referencia, conlleva la necesidad de revisar una serie de aspectos del sistema de un modo obligado. Sin embargo y como consecuencia lógica de la necesidad de llevar a cabo un análisis empresarial, la Revisión del Sistema (*o Comité de Calidad para los que ya llevamos años en esto*) incluye el control y valoración de más elementos de entrada que los básicos requeridos.

Debe tenerse en cuenta que para muchas organizaciones la Revisión (anual) del Sistema se ha convertido en una **herramienta estratégica**, pues sus elementos de entrada, el análisis efectuado y las conclusiones recogidas determinan el conjunto de objetivos y mejoras que la empresa planifica, generalmente, para el siguiente periodo anual*.

<u>Nota</u>. Pueden plantearse (y de hecho así se hace en no pocas ocasiones) actuaciones para más allá de un año, sin embargo siempre deben "ser revisadas" a la conclusión del año pudiendo llevar a una "redefinición" de las mismas.

Reseñarse que la Revisión del Sistema suele efectuarse a principios de año con una cadencia anual. Esto viene dado tanto como consecuencia de ser un requisito de la norma de calidad como por la necesidad, de lógica empresarial, de efectuar un análisis de datos una vez al año así como el planteamiento de actuaciones para el siguiente periodo.

Como guía de desarrollo de cualquier Revisión pueden considerarse los siguientes puntos: revisión general de indicadores, datos en relación a la evolución de los procesos del sistema, datos de información de clientes, resultados de auditorías, evolución de acciones, evolución de mejoras y objetivos, análisis del contexto, requisitos de partes interesadas y determinación de riesgos y oportunidades, quedando como parte final el planteamiento de mejoras y objetivos para el siguiente periodo anual.

Revisión General de Indicadores

Como punto de partida en la Revisión del Sistema se suele comprobar la **evolución** de los indicadores (o KPIs) planteados por la organización en la anterior Revisión. El análisis a efectuar dependerá de la frecuencia de las reuniones de calidad planteadas por el propio sistema de gestión (*mensual, trimestral o cuatrimestral*) efectuándose generalmente un primer análisis por excepción donde se valoran los "datos" fuera de rango.

Evolución de los procesos

Este punto suele subdividirse en tantos apartados como procesos operativos haya definido la empresa. Su distribución depende de cada organización pero en líneas generales suelen analizarse: ofertas o pedidos de clientes, evolución de compras y comportamiento de proveedores, datos de prestación del servicio* (*global y por línea de negocio*), aspectos relacionados con recursos humanos y gestión de la infraestructura.

Observación*. Depende de cada entidad, aunque generalmente se revisan los números de pedidos atendidos, horas desarrolladas, encargos fabricados, etc. También se analiza el trabajo de subcontratistas o colaboradores, así como los valores asociados de evolución de facturación.

Reseñarse que cada proceso suele relacionarse con su *indicador* o indicadores correspondientes, comprobando su evolución y que los datos comentados suelen compararse con periodos anuales precedentes de modo que pueda verse claramente la evolución en el tiempo de los valores analizados (*tanto en valor absoluto como en relación a sus indicadores*).

Datos de Información de Clientes

Este apartado, por regla general, suele dividirse en dos: estudio de las reclamaciones de clientes y análisis de opiniones/encuestas de los clientes*.

Observación*. La opinión de los clientes, en la mayoría de las ocasiones (99,9 %), suele recogerse mediante encuestas de satisfacción.

Ambos aspectos ofrecen información vital de entrada para la Revisión y su correcto análisis proporciona la visión general que nuestros clientes tienen de la entidad.

Resultados de Auditorías

Incluido en la versión de 2015 dentro del apartado de Evaluación del Desempeño, sin embargo se suele situar como información de entrada en la Revisión del Sistema. Los datos, tanto de las desviaciones como de las observaciones recogidas en los informes de auditoría llevadas a cabo durante el periodo analizado, conforman una información valiosa a tener en cuenta en la mejora y evaluación de nuestro Sistema de Gestión.

La necesidad de su realización por **personal independiente** está fuera de toda discusión pues los sistemas de calidad necesitan esta "visión".

Evolución de No Conformidades y Acciones

Muchos Sistemas, en especial en organizaciones pequeñas y medianas, han desarrollado sus actuaciones correctivas como acciones para la **gestión** de sus no conformidades graves o recurrentes, debido a este particular, este apartado se separa al ofrecer información de aspectos y "fallos" relevantes del Sistema de Calidad*.

<u>Nota</u>*. *Muchas organizaciones mantienen la figura de la acción preventiva que ha evolucionado a acción de mejora y suele tener como origen el desarrollo de objetivos y mejoras planteados o el tratamiento de observaciones de clientes, partes interesadas o auditorías.*

Por su parte el control de las no conformidades/desviaciones puede llevarse a cabo en este punto, aunque yo, particularmente, las analizo en cada uno de los procesos, pues suelen estar vinculadas, en muchas ocasiones, a indicadores propios. Parece lógico, por ejemplo, que si analizamos los datos de compras tengamos en cuenta los errores de proveedores como parte del proceso analizado.

Evolución de Mejoras/Objetivos

Se revisa la evolución, así como el **grado de consecución**, tanto de los objetivos como de las mejoras planteadas en la anterior Revisión del Sistema efectuada.

El análisis conlleva la delimitación de los motivos de la no ejecución de alguna de las actuaciones previstas y la no realización de alguna mejora o consecución de los objetivos.

Lógicamente, este apartado está relacionado con el resto de puntos del acta y en especial con el control de procesos (punto 2).

Análisis del Contexto y Partes Interesadas

Constituye uno de los nuevos apartados de la versión de 2015.

Normativamente no es de obligación en la Revisión del Sistema sin embargo, debido a una secuencia lógica, los datos necesarios para este análisis provienen de la evolución de los procesos, la opinión de nuestros **grupos de interés**, así como el impacto del "entorno" que rodea a nuestra organización. Para este último punto puede emplearse el análisis PEST, de modo que se obtenga una imagen general de la "situación" de la empresa en su mercado.

La revisión de estos tres factores "concede" un punto de partida para el posterior análisis de riesgos y oportunidades.

Determinación de Riesgos y Oportunidades

Continuación lógica del apartado anterior. La información que tanto los procesos como las partes interesadas y el entorno empresarial aportan a nuestro Sistema de Gestión, "cristalizan", vía **análisis DAFO** (*generalmente*), en una serie de riesgos (*aspectos negativos*) y oportunidades (*aspectos positivos*).

La **valoración** de la relevancia de cada riesgo u oportunidad dependerá de la sistemática de puntuación delimitada por cada empresa, siendo una de las posibilidades la matriz de probabilidad del suceso por el impacto del mismo, así como un "escalado" de las actuaciones a efectuar en función de la valoración final registrada.

Planteamiento de Mejoras y Objetivos

Desarrolla el apartado final de los Comités de Calidad plasmando y planificando las *líneas estratégicas* a desarrollar por el Sistema de Gestión para el siguiente periodo anual. Los objetivos deben "desplegarse" incluyendo los recursos necesarios y los responsables correspondientes de ejecución y control de las actuaciones, así como el espacio temporal de desarrollo de sus metas o actuaciones relacionadas.

Para su planteamiento y metodología se debería seguir la sistemática SMART (*o similar*) y encontrarse en línea con la estrategia y visión de la organización.

Conclusiones

Lógicamente no constituye un apartado de norma, pero generalmente lo informes de revisión suelen acabar con un resumen de los datos relevantes analizados, así como de las principales actuaciones adoptadas.

Como **consultores** de calidad buena parte de nuestro trabajo en organizaciones, donde el Sistema de Gestión está fuertemente implementado, conlleva el apoyo en la sistemática de análisis de datos y apoyo al planteamiento de objetivos y mejoras, así como nuestra participación en el control y seguimiento posterior de las actuaciones planteadas. La Revisión del Sistema ofrece una "foto" de la empresa correspondiente a un periodo anual con sus logros y errores, siendo relevante hacer una comparación de esa "instantánea" con etapas precedentes con el fin de ampliar nuestro marco de referencia y contexto del análisis.

"En Dios creemos, los demás que traigan datos."
W. E. Deming. Consultor estadounidense difusor del concepto de la calidad total

Los Obstáculos de la Calidad. Deming

Deming definió hace ya algunos años lo que él consideraba una serie de obstáculos o "trampas" en las organizaciones con una clara influencia en la consecución de calidad. El autor de los famosos **14 puntos** delimitó una serie de "piedras" con las cuales muchas de las empresas topan en el desarrollo de sus Sistemas de Gestión.

Este listado se modifica según las distintas fuentes, aunque existe un cierto consenso en los siguientes nueve puntos referidos:

Descuidar la planificación a largo plazo

La fijación por parte de la empresa de los trabajos y objetivos a corto plazo imprime que sus recursos se centren en la resolución de actuaciones para salvar las situaciones a meses vista. La programación a largo plazo permite el estudio de los factores que condicionarán nuestra futura **estrategia** y nuestra supervivencia en el mercado. Como consultor suelo encontrarme con la "necesidad urgente" de que los sistemas den resultados a corto plazo cuando las actuaciones de mejora demandan un análisis y una programación en el medio y largo plazo.

La confianza únicamente en la tecnología para la resolución de problemas

Se trata de un factor bastante común en las organizaciones. Actuaciones como la informatización y la mejora, vía infraestructura, en las líneas de producción de las entidades son consideradas en si mismo como las "panaceas" para la superación de ciertos problemas de la organización.

Si bien es verdad que las entidades deben apostar por su "renovación tecnológica", ésta debe realizarse dentro de un marco ordenado y claro en línea con la estrategia delimitada por la empresa y manteniendo siempre el *factor humano* dentro de nuestro modelo de trabajo.

Buscar ejemplos a seguir en vez de desarrollar soluciones

La calidad dispone de múltiples herramientas que pueden ser aplicadas para la resolución de problemas, sin embargo cada caso tiene su peculiaridad que debe ser estudiada (*ejemplo mediante la aplicación del Diagrama de Ishikawa*) siendo la adopción de las actuaciones correspondientes única en cada caso y presentado de modo que la solución se adapte completamente al problema detectado y se eleve la tasa de resolución del mismo. Debe recordarse que cada organización tiene su *propia "alma"*, así como su modo de hacer las cosas por lo que los consultores estamos obligados a particularizar nuestro trabajo.

Excusas similares a "nuestros problemas son diferentes"

Este caso muestra "el lado contrario" al mencionado en el punto anterior. Si bien es verdad que cada entidad tiene su misión y visión, sus particularidades no pueden ser una excusa para abordar e intentar solucionar los problemas. Las organizaciones mantienen unas líneas de actuación similares en muchos aspectos respecto al trato con los clientes, relación con proveedores, tratamiento de existencias, etc.

La gestión de sus recursos y su estrategia a medio y largo plazo es lo que las hace diferentes unas de otras.

La creencia obsoleta de que la habilidad en la gestión se podía enseñar en un aula

En este punto Deming "pone en valor" el dicho de que la experiencia es un grado. No se cuestiona la capacitación de un recién graduado, pero se pone en valor la necesidad de que los puestos de responsabilidad demanden personal con experiencia suficiente en múltiples aspectos del trabajo desarrollado dentro de las empresas.

Se necesita una visión interna empresarial y un conocimiento de la **estructura** y equilibrio en la entidad, así como del **mercado** donde compite, lo cual una persona demasiado novel podría no ser capaz de abarcar.

La sistemática de culpar a los trabajadores

Este punto todavía da que pensar en pleno siglo XXI. A pesar de que en muchas organizaciones se ha superado la "búsqueda del culpable", por sistemáticas de análisis de causas cada vez más objetivas, considerando todo tipo de factores e incluyendo el propio proceso de trabajo, bien es cierto que en algunas empresas todavía se confía en que si los trabajadores efectúan sus trabajos sin errores los problemas desaparecerían.

Los estudios efectuados por Deming y sus compañeros demostraron que únicamente el 15 % de las desviaciones tenían como punto de partida errores en los trabajos por parte del personal, representando el 85 %, fallos sucedidos como consecuencia de malas planificaciones (o ausencia de ellas) o **errores en la gestión**: *los trabajadores están limitados por el sistema y el sistema pertenece a la Dirección*.

Consideración de la calidad únicamente como responsabilidad del departamento de calidad

Puede tratarse de uno de los errores que se ha transmitido a lo largo de los años y que en muchos casos no ha desparecido del todo. En no pocas ocasiones amparado por las Direcciones de las entidades, las cuales una vez "creado" el área de calidad, hacen que la entidad "vierta" todos los problemas (*aunque en la mayoría de las ocasiones no la capacidad de solución*) en dichos departamentos. En estas situaciones las empresas implementan sistemas de calidad "a medias" pues se olvidan que los **procesos** pertenecen a los departamentos que los emplean y que las mejoras y soluciones también deberían ser de ellos. La calidad es un bien común a toda la organización y la participación de cada área debería ser activa buscando la mejora de la entidad y su alineamiento con la estrategia general de la organización. Los datos de cada proceso deben ser analizados y contrastados con los responsables correspondientes que son los que se "baten el cobre" día a día y pueden dar (*o quitar*) sentido a dichos valores.

La confianza ciega en la inspección de calidad

Puede considerarse en muchos aspectos un punto superado en los Sistemas de Gestión actuales, si bien existen procesos en ciertas organizaciones o áreas de la empresa que precisan mantener una serie de inspecciones como parte de su dinámica de trabajo, de modo que se aseguren los resultados previstos de la tarea. Los actuales sistemas se enfocan hacia la totalidad de la empresa incluyendo sus **partes interesadas**, así como su incorporación a la estrategia empresarial. La mejora del producto o servicio de la entidad se vuelve global teniendo en cuenta clientes, proveedores, etc. y no únicamente nuestros puntos de inspección, con lo que este sistemática se ha convertido en un punto más del sistema de gestión.

La búsqueda de ayuda únicamente en personal o empresas que lo sepan todo de nosotros

Se trata del obstáculo de más relevancia para los que trabajamos como **consultores**. Cuando comenzamos a asesorar a una organización en el 99 % de los casos desconocemos mucha información del cliente: sistemática de trabajo, organigrama y flujo de información/poder, metodología de reuniones/tomas de decisiones, etc. Sin embargo, nuestra experiencia nos da un bagaje que se pone a disposición de la entidad para la implementación de un sistema de gestión y la incorporación de la mejora continua en la empresa. La mejora viene impuesta por la combinación de enfoque entre el personal interno y el aporte externo, así como el estudio y el diálogo de las diferentes opciones que pueden adoptarse.

En este artículo he destacado los puntos más importantes, aunque Deming también consideró como problemas la enseñanza deficiente de los métodos estadísticos, el uso abusivo de las tablas de muestreo sin considerar su margen de error y la excesiva confianza en los "falsos comienzos" entre otros. Continúa siendo interesante que después de tantos años y tras la evolución en los últimos tiempos de las normas de referencia estos puntos continúen apareciendo en muchas entidades en mayor o menor grado de relevancia.

"Nadie puede dar lo mejor de sí mismo, mientras no se sienta seguro."
W. E. Deming. Consultor estadounidense difusor del concepto de la calidad total

Las Siete Herramientas de la Calidad

Los procesos de implementación y mantenimiento de los Sistemas de Gestión de Calidad en las empresas se efectúan apoyándonos en las llamadas *herramientas básicas de la calidad*, las cuales son empleadas según necesidad*. Estas herramientas también son de aplicación en actividades de la gestión y mejora de la calidad, en relación a la resolución de problemas, análisis de datos, la toma de decisiones, definición de objetivos, optimización de recursos, etc.

Nota*. *Según Kaoru Ishikawa la aplicación de estas herramientas puede solucionar el 95 % de los problemas empresariales.*

Las herramientas básicas de la calidad son de sencilla comprensión y fácil aplicación, no precisando tener profundos conocimientos matemáticos para su empleo, además tienen una elevada capacidad de integración entre ellas, facilitada por su compatibilidad, lo cual conlleva a que su empleo conjunto eleve exponencialmente sus resultados incrementando los beneficios de su aplicación.

Su desarrollo y aplicación en las organizaciones presenta las siguientes ventajas:

- Delimitan y acotan los problemas existentes, analizando sus causas y consecuencias, adaptándose a situaciones o tipos de actividades en organizaciones de muy diverso tipo.

- Ofrecen **soluciones eficaces** a las desviaciones registradas (y materializa la eficiencia en su resolución) al encontrarse orientadas hacia la aplicación de los mínimos recursos con el fin de obtener resultados válidos.

- Determinan un punto de partida para el control y supervisión de las actividades de la organización, facilitando el control de los procesos y vigilando la ocurrencia de desviaciones.

- Establecen **actuaciones prioritarias** en base a las consecuencias que pueden observarse, basándose en hechos y no en opiniones.

- Ordenan las "expectativas" y requerimientos de los clientes (tanto de carácter interno como externos) y se pueden aplicar, con leves modificaciones en su metodología, a cualquier situación que lleve asociada la toma de decisiones.

Su clasificación varía en función de los autores consultados, en el presente artículo expongo la más comúnmente aceptada, siendo su "secuencia" la siguiente:

1. **Hoja de Recogida de Datos**. Puede considerarse la "estrella" de las herramientas de gestión y la piedra angular de los Sistemas. Son empleadas para la recopilación ordenada y estructurada de la información necesaria de cualquier Sistema de Gestión. Generalmente adopta la forma de plantilla o formato, con objeto de recoger la información básica para el control de los procesos, ofreciendo el soporte inicial para la aplicación del resto de herramientas que precisan dichos datos. Debe garantizar la recogida de la información de forma homogénea y uniforme, independientemente de las personas que registren los datos. Su correcto empleo "allana" el análisis y control de la información del Sistema de Gestión y permite observar el grado de cumplimiento de los protocolos establecidos (*en muchas ocasiones coinciden con los famosos registros del sistema que los consultores ayudamos a diseñar, modificar o ajustar en nuestros trabajos de asesoría y que a la vez son los tan temidos "papeles" por parte de la organización*).

2. **Gráfico de Control.** Utilizado para el análisis, supervisión y control de la estabilidad de los procesos que conforman un Sistema de Gestión mediante el seguimiento de los valores que se van recogiendo a lo largo del tiempo, en función de la evolución del valor de una o varias variables claves. Se trata de una herramienta, ampliamente empleada, para comprobar el progreso de los datos generales de un Sistema, así como el desarrollo en el tiempo de los indicadores más relevantes. En muchas ocasiones, su seguimiento, viene "acotado" por unos límites requeridos para el proceso. LCS (control superior) y/o LCI (control inferior). De este modo se vigila la capacidad del proceso que debe mantenerse entre los valores extremos determinados. Su elevada visualización y rápida comparación con los valores de referencia programados lo convierte en una de las herramientas más empleadas en los análisis de datos, permitiendo distinguir entre problemas puntuales o contínuos de variación y determinar su grado de influencia.

3. **Diagrama Causa-Efecto o de Ishikawa.** Método de análisis organizado y sistemático de las causas de una situación que aplicado a los sistemas de gestión ofrece un elevado potencial para la resolución de desviaciones o la programación de objetivos o metas. Su empleo se basa en la profundización de la raíz de las causas del suceso (y del origen de las causas de las causas –dependiendo del nivel al cual se quiera llegar-). En muchas ocasiones se toma como línea preliminar de análisis las 6M´s: mano de obra, materiales, método, medio ambiente, mantenimiento y maquinaria. Su correcto desarrollo impide que únicamente se identifiquen los motivos inmediatos de un problema, "perdiendo de vista" otras más "escondidas" pero igualmente relevantes. De este modo se evita la repetición del problema por no abarcar todos los motivos del incidente.

4. **Histograma**. Consiste en una representación gráfica de la variabilidad que puede presentar una característica o valor del Sistema de Gestión. Su representación generalmente se efectúa mediante un diagrama de barras donde el eje vertical representa la frecuencia (número de veces que aparece cada uno de los valores analizados) y en el eje horizontal recoge el rango de valores de una variable considerada. Se trata de una herramienta netamente estadística y empleada para profundizar en los datos recabados que permite entender su estructura e interpretar su significado. Ej. Las puntuaciones medias de los cuestionarios registrados son un valor que generalmente se tiene en cuenta en las decisiones empresariales, sin embargo si la entidad quiere ir más allá de la media deberá analizar la "variabilidad" y "amplitud" de las puntuaciones registradas mediante esta herramienta (Ej. conjunto de cuestionarios recogidos en un determinado periodo de tiempo con puntuaciones entre 0-2, 2-4, 4-6, 6-8 y 8-10).

5. **Diagrama de Pareto**. Se trata de un histograma en el que los intervalos o valores de la variable, representados en el eje horizontal, se muestran en orden de frecuencias descendente. Para ello, se seleccionan en la zona izquierda del gráfico aquellos valores de la variable o atributos cuya frecuencia en las muestras seleccionadas es mayor. Prioriza las causas "a resolver" con objeto de conseguir una mayor efectividad en nuestras actuaciones. Se basa en el principio del mismo nombre, según el cual el 80 % de los "problemas" se deben al 20 % de las "causas". Su exposición, generalmente mediante un diagrama ordenado de barras (organizando los "motivos" de mayor a menor "amplitud") ofrece una visión gráfica que identifica el "pequeño porcentaje" de causas más importantes y permite dejar de lado los motivos más triviales. Su empleo es básico para la priorización de las mejoras y los objetivos que se diseñen por una organización y la rentabilización de sus recursos.

6. **Diagrama de Correlación o Dispersión**. Su objeto es manifestar la relación (*y la intensidad de la misma*) que pudiera existir entre dos parámetros del sistema en función de los valores manifestados ambos en una determinada situación. Suele efectuarse mediante la representación de los "pares de datos" de ambas variables en el plano cartesiano, lo que permite obtener una "nube de puntos" que se aproxima en mayor o menor medida a una línea, pudiendo existir una correlación positiva (ej. la relación entre la edad y el peso de una persona –hasta la adolescencia-), negativa (ej. fuerza de frenado y distancia recorrida), o no existir correlación. En la aplicación de esta herramienta debe considerarse que la mayor o menor dispersión en relación a la línea recta imaginaria representada, se relaciona con la posible influencia de otras variables.

7. **Estratificación de datos**. Se trata de separar el conjunto de datos a analizar en grupos más pequeños con el fin de realizar una revisión de los mismos más profunda. Los estudios por franja de edad son un ejemplo de esta técnica. Llevada a los sistemas de gestión permiten ahondar en el estudio de causas o relaciones de modo que se optimicen las decisiones de las empresas.

Por último quiero mencionar dos técnicas más que muchos autores consideran incluidas como herramientas básicas de la calidad:

- **Brainstorming*** (tormenta de ideas). Su objetivo es la generación de ideas por un conjunto de personas que se han reunido con algún fin determinado: averiguar las causas de un incidente, determinar acciones a adoptar ante un suceso, programar ciertas actuaciones de la organización, etc. Se trata de una herramienta que potencia la creatividad (sin crítica ni censura previa a cualquier de las ideas que se aporten) e implica a las personas en la toma de decisiones (generalmente no se suele pasar de grupos de entre 6 y 8 personas). Su aplicación suele terminar con la valoración de la efectividad y viabilidad de las acciones propuestas con objeto de delimitar finalmente aquella (o aquellas) a aplicar.

Nota*. *Personalmente valoro mucho esta herramienta, en la medida que al reunir un grupo que abarque diferentes áreas de la organización para tratar un asunto sin topes en la generación de ideas, facilita la consideración de diferentes puntos de vista por parte de las distintas "areas" de la empresa, lo cual equilibra mucho las decisiones posteriores. Su aplicación junto con el Diagrama Causa-Efecto abre las puertas a un mayor y mejor análisis de los motivos de una determinada situación.*

- **Flujograma o diagrama de flujo.** Teniendo en cuenta que las actividades productivas de una organización se articulan en procesos, esta herramienta constituyen una representación gráfica de su funcionamiento, estructura y relación. Su desarrollo permite identificar las diferentes actividades (así como sus recursos) que conforman un proceso, permitiendo analizar y hacer efectivos dichos procesos y controlando indefiniciones o repeticiones. Se precisa marcar los puntos límite del proceso (comienzo y fin del mismo), así como las actividades que lo integran, de modo que cada fase tenga al menos una salida.

La aplicación de estas herramientas en la dinámica de los sistemas de calidad: análisis de problemas, planteamiento de mejoras u objetivos y toma de decisiones de un modo independiente o en combinación, es uno de los fuertes recursos con los que cuenta cualquier organización con un Sistema de Gestión.

Su sencilla comprensión y su fácil aplicación, así como la ordenación de un modo estructurado de los datos analizados, garantizan la **toma de decisiones** sistemática por parte de la organización, priorizando líneas más eficientes para la propia empresa y rentabilizando en mayor medida sus recursos disponibles.

"Una persona lista resuelve un problema, una persona sabia lo evita".
Albert Einstein. Científico y Físico de origen alemán nacionalizado suizo y estadounidense.

La Innovación Incremental y la Mejora Continua

La llamada *innovación incremental* tiene su base en la creación de valor sobre un producto o servicio de una organización, mediante la generación sobre el mismo de una serie de mejoras. Estas mejoras tienen como finalidad elevar la eficiencia final del artículo o servicio.

Los cambios introducidos tienen por objeto incrementar la satisfacción de los clientes y lógicamente mantener su fidelidad. El proceso conlleva la mejora y perfeccionamiento de algo ya existente mediante la aplicación de cambios que pueden afectar a su funcionalidad, mejora de las prestaciones, facilidad de uso, etc. (*los que tenemos más de 40 años conocemos lo que era un teléfono hace 20 años y lo que es ahora*). Se busca un cambio gradual de productos o servicios existentes estimulando a los clientes mediante mejoras progresivas.

Sin embargo y desde el punto de vista de los sistemas de **gestión de la calidad** y organización de empresas, el producto o servicio se hace extensivo a todos sus procesos, desde la prestación del servicio propiamente dicha (fabricación/entrega o desarrollo del trabajo) hasta el conjunto de actividades de apoyo al mismo (gestión de recursos: proveedores, infraestructura, personal, etc.), siendo el análisis periódico del trabajo efectuado por la empresa la base para la **mejora continua** de la organización.

Bajo este "prisma" en las entidades donde se encuentra implementado un Sistema de Gestión de la Calidad el desarrollo del trabajo efectuado se ve como un todo, que comienza desde la fase del acuerdo con el cliente y culmina con la sistemática de atención post-venta de atención al mismo.

De este modo los cambios y mejoras pueden "extenderse" a toda la línea de trabajo de la organización y precisan de la colaboración de todos los departamentos (y sus interrelaciones) para llevarlos a cabo.

El concepto de innovación incremental (*también llamada evolutiva*) dentro de la sistemática de calidad "sufre" una ampliación que va más allá del producto o servicio prestado, pues entran en consideración aspectos o partes de la entidad que están relacionados con el trabajo desarrollado de un modo indirecto, pero que su eficiencia puede marcar (*y en muchos casos determinar*) el prestigio de nuestro producto o servicio*.

Observación*. *Podemos considerar dos ejemplos de lo más ilustrativos: un producto con unas buenas prestaciones pero que se encuentre acompañado de un servicio post-venta defectuoso y frustrante para el cliente o un servicio muy bien diseñado y que cubre perfectamente las necesidades de un determinado cliente pero donde su contratación sea una autentica "tortura".*

Uno de los puntos pretendidos por la calidad es la búsqueda de la **eficiencia** de los diferentes procesos que componen la organización de un modo progresivo en el tiempo (a pequeños pasos y más en empresas pequeñas y medianas). Se intenta la optimización de las actividades y la eliminación de pasos innecesarios o redundantes (el llamado desperdicio), especialmente en todas aquellas actuaciones que impliquen una relación directa con el cliente.

Por otro lado, la última versión de la **Norma 9001** "imprime" a los Sistemas de Gestión la consideración de que todos los actores pueden tener relaciones con la organización, teniendo en cuenta los aspectos externos a la entidad, de modo que tanto las necesidades de los primeros como los riesgos y oportunidades que pueden presentarse a partir de los segundos sean tenidos en cuenta y sirvan de entrada para actuaciones de mejora en el desarrollo del trabajo de la empresa.

Bajo esta visión, las entidades deben considerar puntos como la evolución tecnológica de su sector (en no pocas ocasiones la automatización de ciertas actividades permite una mayor eficiencia y control de los procesos), actuaciones de la competencia (aspecto relevante sobre todo con objeto de comprobar nuestro "puesto" en el mercado donde operamos) y por supuesto las opiniones de nuestros clientes actuales y potenciales (*tal y como expresaba Deming son el último juez de nuestro trabajo*).

Paralelamente* a la dinámica de innovación incremental existe también la llamada **innovación disruptiva** (*concepto creado por Clayton Christensen en 1997*) donde la búsqueda de nuevos productos y servicios se posiciona como determinante para la supervivencia de las entidades a largo plazo. Desde mi punto de vista la complementariedad de ambas actuaciones es necesaria y deseable en las organizaciones, pues la **estrategia** de cualquier empresa debe moverse en tres planos: el presente (y futuro a corto plazo), el medio plazo y el largo plazo. Así dentro de estas tres "dimensiones" las mejoras incrementales actuarían dentro del presente y del medio plazo, pues la organización tiene (y debe) optimizar sus trabajos actuales y las actuaciones disruptivas, cuya siembra se produce en el corto plazo, suelen tener "su retorno" en el medio y largo plazo.

*<u>Nota</u>. *En muchos aspectos se han enfrentado los dos términos, asumiendo que una entidad debe "elegir" entre ambas innovaciones. Desde mi punto de vista cualquier entidad debe apostar las dos vías (en mayor o menor porcentaje) con vistas a garantizar el equilibrio de su propio desarrollo.*

Lógicamente el desarrollo incremental conlleva un factor de riesgo mucho más bajo que el trabajo disruptivo, pues el producto o servicio es conocido por nuestra empresa y los datos para su mejora en muchas ocasiones pueden ser obtenidos internamente ("*el qué y cómo medir*" cobra en este punto una importancia enorme).

Por su parte la innovación disruptiva además de llevar consigo un factor de riesgo más elevado (*se apuesta por artículos o servicios que no están "probados" en un mercado y se desconoce el comportamiento real final del cliente ante la novedad*) precisa de una mayor "imaginación" en su desarrollo. Esto conlleva que, en líneas generales, las empresas asentadas en un sector sean más partidarias de la innovación incremental (*mayor conocimiento del mercado actual, así como de sus productos y su marca reconocida como entidad*) y las nuevas organizaciones apuesten más por la innovación disruptiva (*necesidad de hacerse un hueco apostando por una estrategia de diferenciación*).

La innovación incremental está directamente enfocada al proceso de mejora continua de cualquier empresa (*aplicación de **ciclo PDCA** de Deming*) y busca por tanto, la máxima eficiencia de los procesos actuales que conforman la entidad. Por otro lado su pareja de baile: la innovación disruptiva, tiene puesta su objetivo en un horizonte más largo en la organización, así como en su configuración futura en el mercado. En cualquiera de los dos casos los procesos de innovación no se generan espontáneamente y son el resultado de análisis de datos mezclados con algo de creatividad y una apuesta por la configuración futura del mercado.

"La inspiración existe, pero tiene que encontrarte trabajando."
Pablo Picasso, pintor español del siglo XX, uno de los creadores del cubismo.

Artículo "Extra". El Futuro de la Calidad

Este tipo de artículos suele ser como una mirada a un "universo posible", sin embargo la situación y el contexto actual en el que se "mueven" las organizaciones es verdad que "abre pistas" sobre cómo se irán conformando los próximos Sistemas de Gestión de Calidad en las empresas.

Por un lado muchos pensamos que la consideración de los riesgos y oportunidades ya fue un avance muy significativo en la versión de 2015, además de integrar, o por lo menos considerar, al conjunto de partes interesadas dentro de los sistemas de gestión. De la mano de estos "factores" la **gestión del cambio** puede considerarse uno de los elementos determinantes en el corto plazo para cualquier entidad. Los vaivenes que han tenido que soportar las organizaciones en los últimos años, así como la "inestabilidad" de sectores, mercados y clientes están configurando lo que serán en los próximos años los Sistemas de Gestión.

La necesidad de empresas ágiles con procesos adaptables y lideradas por directivos con un elevado grado de competencia se está convirtiendo en una necesidad y desde este punto de vista los procesos y la documentación que los "sostiene" deberá estar abierta a evoluciones rápidas como punta de lanza de los propios sistemas.

Otro aspecto a considerar y que está cambiando fuertemente en los últimos años, es la gestión de los **recursos humanos**. Su participación más activa en los procesos de las organizaciones es ya una realidad y el planteamiento de desarrollos curriculares dentro de la organización por parte de muchos de sus empleados, una necesidad.

Sus opiniones ya se están teniendo en cuenta en bastantes decisiones empresariales y muchos directivos ya consideran que el talento interno y su integración es la actual fuente de ventaja competitiva de las empresas. Las relaciones entre directores y "dirigidos" se están equilibrando y la necesidad de considerar la opinión de las personas que "trabajan" en primera línea con los equipos, clientes, proveedores, etc., es una realidad.

También debe tenerse en cuenta el mayor "poder" de actuación de los **colaboradores** dentro de las organizaciones. Proveedores, consultores, asesores, etc., que no pertenecen "directamente" al personal de la empresa, pero que suponen un gran valor añadido en muchos de los procesos operativos de la entidad. Su gestión dentro de los organigramas empresariales es ya una necesidad y la oportunidad de integrar sus conocimientos dentro de la organización es una condición indispensable para mantenerse y crecer en el mercado.

Deben considerarse, como puntos relevantes, aspectos relacionados con el **medio ambiente**, responsabilidad social corporativa y seguridad de la información. Cada "apartado" a su modo, responde a una demanda creciente de la sociedad.

El primero lleva ya muchos años "llamando a la puerta" de las organizaciones, y no pocas ya han ido adoptando actuaciones en línea con su mejora de la huella de carbono y optimización de consumos de recursos, incluyendo ciertos indicadores dentro de sus sistemas de gestión de carácter ambiental.

Por su parte, la **responsabilidad social corporativa** se trata de un aspecto que comienza a "ganar peso" en algunos sectores, los clientes quieren saber que la compra o el trabajo con una determinada empresa tiene un "impacto" en actuaciones sociales de distinto tipo hacia la comunidad.

Por último el tema de la *seguridad de la información*, que lleva ya algunas décadas "asomando la cabeza" y se ha convertido en una necesidad imperiosa en los últimos años, como consecuencia de la gran cantidad de datos que actualmente están manejando las empresas así como por la necesidad de la gestión de las aplicaciones informáticas, archivos, información, usuarios, etc. que deben ser gestionados además considerando en todo momento una serie de requisitos legales.

El último factor que debemos tener en cuenta es la **relación entre la calidad y los parámetros económicos y financieros** de las organizaciones. Durante muchos años la calidad se ha desarrollado como un modelo de gestión aparte de estos valores, lo cual ha sido uno de los motivos principales de su falta de desarrollo global en las empresas. Introducir este tipo de datos en la determinación de los cuadros de indicadores de los Sistemas de Gestión de Calidad en una necesidad para poder "calibrar" las actuaciones de la organización en "aras" de la mejora continua. Por otro lado el conocer los recursos económicos y su disponibilidad así como de poner un valor económico a las desviaciones y errores de las organizaciones es ya una realidad en muchas entidades. La vinculación entre "ambos sistemas" es un hecho que actualmente ya no puede dejarse de lado.

Todo ello nos lleva indudablemente a **organizaciones más horizontales**, desarrollando modelos trébol, donde el análisis de los datos y la toma de decisiones son más rápidas y se pueda trabajar en grupos más allá de los departamentos actuales. Las empresas deberán adaptar sus organigramas y estructuras al desarrollo del talento y las capacidades internas, además de "abrir sus puertas" a la participación de "agentes o mercenarios" externos muy válidos en su campo y que pueden constituir (*y de hecho constituyen*) una fuente de valor añadido.

Lógicamente el mayor o menor grado de "impacto" de estos factores en las diversas organizaciones dependerá en gran medida de su sector o mercado donde desarrolle la actividad, su ciudad, región o país de ámbito de influencia y de aspectos externos como la legislación. Sin embargo considero que todos los puntos reseñados ya se están convirtiendo en factores que demandarán unos sistemas de calidad más ágiles, más adaptables, más comprometidos y sobre todo más implicados con la *estrategia* real de las organizaciones.

"*El futuro comienza hoy, no mañana*".
Juan Pablo II, Papa de la Iglesia Católica (s. XX y XXI)

www.ingramcontent.com/pod-product-compliance
Lightning Source LLC
Chambersburg PA
CBHW070251220526
45465CB00004B/1576